Annegret Sommer
Topinambur, Pastinak, Mangold & Co.
Kochen mit naturgesundem Gemüse

Danksagung

Ich möchte allen danken, die bei der Erstellung dieses Buches geholfen und mich bei dem Projekt unterstützt haben.

Besonderer Dank gilt dabei Pit Möller, der die Idee zu diesem Buch hatte und der organisatorisch bei der Veröffentlichung mitwirkte, sowie Marion und Reinhard Falk, die mir bei der Textverarbeitung große Hilfestellung geleistet haben.

Ein Dankeschön auch an Charly Tebbe für seine tatkräftige Unterstützung.

Annegret Sommer

Topinambur, Pastinak, Mangold & Co.

Kochen mit naturgesundem Gemüse

Herausgeber Pit Möller-Schlömann

Die Deutsche Bibliothek - Einheitsaufnahme

Sommer, Annegret:
Topinambur, Pastinak, Mangold & Co.:
Kochen mit naturgesundem Gemüse
Holm: Deukalion, 1997
(ÖkoRatgeber : Kochen)
Herausgeber Pit Möller-Schlömann
ISBN 3-930720-29-9

1. Auflage 1997

Lektorat: Traute Ewers
Umschlaggestaltung: Dagmar Fitz
Grafikassistenz: Petra Spingler
Satz: Jürgen Frank
Druck: Interpress, Budapest

ISBN 3-930720-29-9

Inhaltsverzeichnis

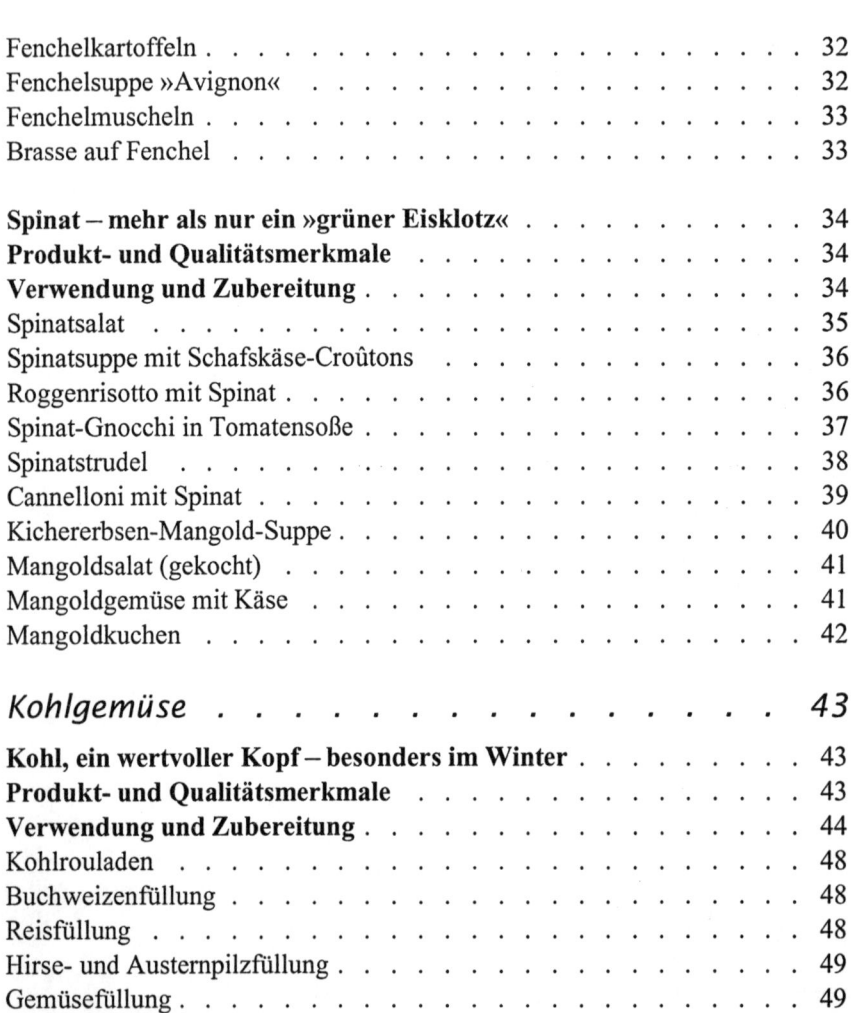

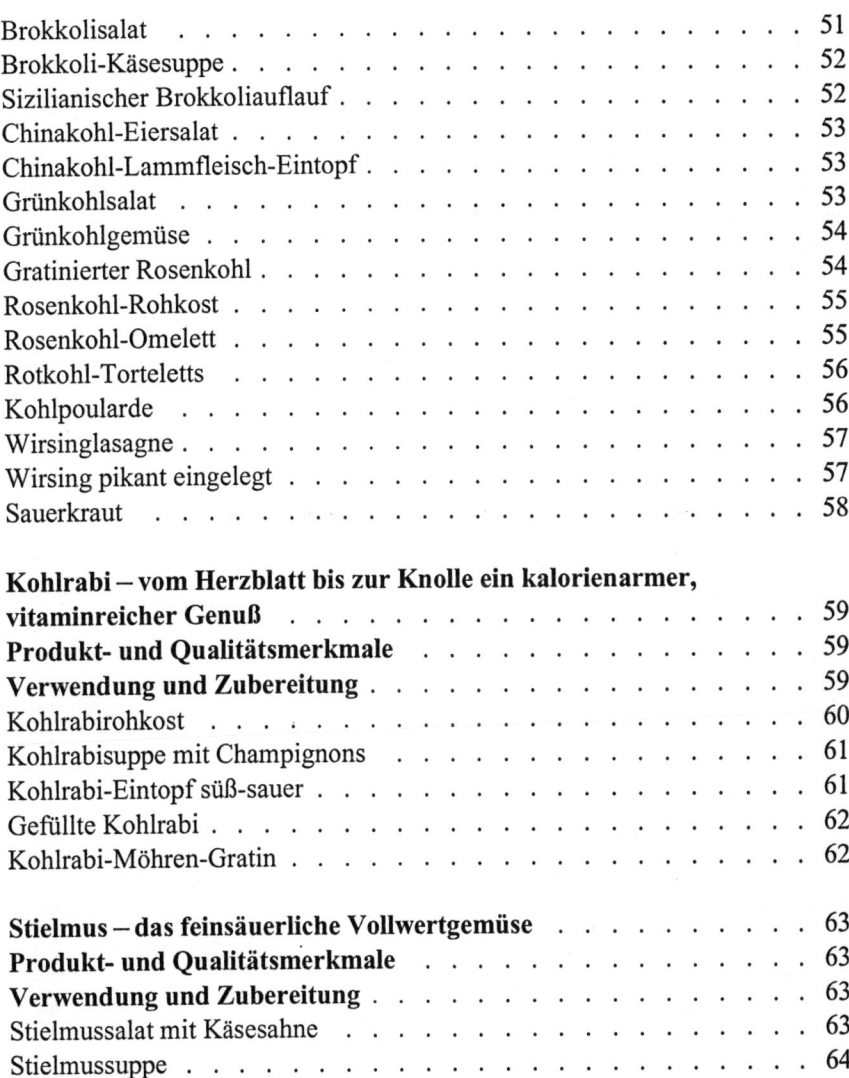

Vorwort

»Was ist das denn? – Kann man das essen?«
»Wie schmeckt denn das?«
»Wie bereitet man das zu?«
»Wo ist denn wohl viel Eisen drin?«

Solche oder ähnliche Fragen werden uns immer wieder am Bioland-Marktstand von unseren Kunden gestellt. Im regen Marktgeschehen ist es jedoch nicht immer möglich, alle Fragen zufriedenstellend zu beantworten, und vielfach reicht es nicht aus, nur eine Anregung zu geben, wie man dieses oder jenes Gemüse ungefähr zubereiten könnte. Anfangs haben wir unseren Service dadurch erweitert, daß wir einzelne Rezepte in Form von Zeitungsschnipseln und dergleichen über den Markttisch reichten; später waren es dann schon lose Rezeptsammlungen, die wir bei Bedarf zwischen unseren Gemüsekisten herausfischten. Als wir die Zettelwirtschaft leid waren und das Gefühl hatten, daß die Nachfrage nach Gemüserezepten nicht abriß, haben wir uns entschlossen, das Ganze zu einem gesammelten Werk zusammenzufassen – ein Kochbuch sollte entstehen.
Aber wer hat Zeit und Lust, so etwas auszuarbeiten?
Zufällig arbeitete ich zu dieser Zeit aushilfsweise am Marktstand, eignete mich als Diplom-Oecotrophologin fachlich ganz gut für diese Aufgabe und hatte aus familiären Gründen gerade eine berufliche Pause eingelegt, so daß auch die Zeitfrage geklärt war. Das Los traf also mich. Mittlerweile ist das Kochbuch fertig. Die Fertigstellung hat zwar viel Arbeit und Zeit in Anspruch genommen, sie hat aber auch sehr viel Spaß gemacht und war für mich eine neue Erfahrung.
Ich habe die Rezepte bewußt recht ausführlich gestaltet, so daß sowohl Anfänger/innen als auch erfahrene Köche/Köchinnen damit klarkommen können. Die Rezepte sollen allerdings nur Anregungen geben und der eigenen Phantasie keine Grenzen setzen; denn nichts ist langweiliger als die Gewohnheit!
Auch wenn dieses Gemüsekochbuch keine Abbildungen enthält, so bin ich doch

überzeugt, daß Sie mit ein bißchen Phantasie und Spaß am Kochen die leckersten Gerichte zaubern können. Ich hoffe, daß das Buch dazu anregt, Gemüse nicht nur – wie oft üblich – als Beilage zu Fleisch und Kartoffeln zu verwenden, sondern das Kochen mit Gemüse wieder etwas vielfältiger zu gestalten. Zudem soll es helfen, längst vergessene Gemüsearten wie Mangold, Topinambur, Kürbis oder Pastinaken wieder in Erinnerung zu rufen. Vielleicht geben die Rezepte sogar den Anstoß zu einer Umstellung der Ernährung in Richtung Vollwertkost. Und nicht zuletzt hoffe ich, daß dieses Buch einen Beitrag zum Wachsen des »Bio-Binnen-marktes« leistet.

Viel Vergnügen beim Ausprobieren der Gemüserezepte wünscht Ihnen

Annegret Sommer

Einleitung

Die Vollwerternährung kennt keine generellen Verbote, sondern gibt vielmehr Empfehlungen, minderwertige Produkte zu meiden und verstärkt naturbelassene Lebensmittel zu verwenden, d.h. Vollwertmehl statt weißes Mehl, Honig statt Zucker, frisches Obst und Gemüse statt Konserven. Fleisch, Fisch und Eier sind nicht »verboten«, haben jedoch nur einen geringen Stellenwert.

Jeder, der Lust hat, etwas Neues auszuprobieren, und der bereit ist, alte Gewohnheiten abzulegen, wird beim Ausprobieren der Rezepte auch als hartnäckigster Naturkostverächter oder absoluter Fleischfan gestehen müssen, wie hervorragend Gemüsegerichte schmecken können.

In der Vollwerternährung gilt der Grundsatz: »Je frischer und naturbelassener (also weniger behandelt bzw. unverarbeitet) ein Lebensmittel ist, um so vollwertiger ist es und um so eher versorgt es uns mit lebenswichtigen Bestandteilen.«

Vor allem Gemüse sollte so frisch wie möglich verarbeitet werden, da durch längere Lagerung die wertvollen Inhaltsstoffe schnell verlorengehen. Der Kauf frischer Produkte ist gleichbedeutend mit dem Kauf vor allem *regionaler* Produkte. Unser regionales Gemüseangebot ist so reichhaltig, daß das ganze Jahr über frisches Gemüse gekauft bzw. geerntet werden kann. Natürlich gibt es im Winter keine frischen Erbsen oder gar frischen Spargel. Aber wenn wir ehrlich sind – gerade das Warten auf den ersten Spargel macht dieses Gemüse doch erst zu einer wahren Köstlichkeit. Wie langweilig wäre es, wenn wir ihn das ganze Jahr über frisch erhalten könnten. Oder als Ersatz gar Dosenware – kein Vergleich! Für Abwechslung im Speiseplan sorgt die Natur also gewissermaßen selbst, indem sie uns je nach Jahreszeit die unterschiedlichsten Gemüsearten serviert.

Ein weiterer wichtiger Punkt ist die richtige Zubereitung des Gemüses. Was nützt uns der frischeste Blumenkohl, wenn seine wertvollen Inhaltsstoffe nachher im Kochtopf nur so »wegkochen«. Folgende Regeln sollten Sie bei der Gemüsezubereitung unbedingt beachten:

☞ Gemüse erst vor der Weiterverarbeitung putzen

☞ möglichst wenig zerkleinern

☞ schnell und heiß ankochen, dann bei möglichst niedriger Temperatur weiter-garen

☞ mit Salz und Wasser sparen

☞ so kurz wie möglich garen – lieber bißfest als verkocht

☞ den Topf mit einem Deckel verschließen, so daß sich die Garzeit verkürzt

☞ längeres Warmhalten vermeiden – lieber abkühlen lassen und bei Bedarf kurz erwärmen

Noch besser als das schonendste Garverfahren ist natürlich die Verarbeitung von Gemüse zu Rohkost. Rohkost sollte einen großen Teil unseres Speisezettels ausmachen. Im Vergleich zu anderen Lebensmittelgruppen weist Gemüse den höchsten Gehalt an Vitaminen und Mineralstoffen auf, die in der unerhitzten Frischkost natürlich am ehesten erhalten bleiben. Roh verzehrtes Gemüse regt zudem unseren Darm an, da es auch reichlich Ballaststoffe enthält.

Sollten Sie unter einem Mangel an bestimmten Nährstoffen leiden, hier eine Übersicht, der Sie schnell entnehmen können, welche Gemüsearten mit welchen Nährstoffen besonders gesegnet sind:

Es sind besonders reich an

Ballaststoffen	Topinambur, Rosenkohl, Grünkohl, Erbsen, Sellerie
Mineralstoffen	Meerrettich, Fenchel, Topinambur, Mangold, Grünkohl
Natrium	Mangold, Fenchel, Sellerie, Spinat, rote Bete, Möhren
Kalium	Spinat, Meerrettich, Avocado, Fenchel, Grünkohl
Magnesium	Spinat, Mais, Fenchel, Kohlrabi
Kalzium	Grünkohl, Spinat, Mangold, Fenchel, Brokkoli
Eisen	Spinat, Schwarzwurzeln, Fenchel, Mangold, Möhren, Feldsalat, rote Bete
Vitamin A	Fenchel, Spinat, Grünkohl, Feldsalat, roter Paprika,

18

	Kürbis, Chicorée, Möhren
Vitamin B$_1$	Zucchini, Erbsen, Fenchel, Topinambur, Spargel
Vitamin B$_2$	Pilze, Grünkohl, Spinat, Brokkoli
Niacin	Pilze, Erbsen, Grünkohl, Petersilienwurzel
Pantothen	Grünkohl, Rosenkohl, Brokkoli, Blumenkohl, Avocado
Vitamin B$_6$	Avocado, Paprika, Bohnen, Grünkohl, Porree, Feldsalat
Vitamin C	Paprika, Brokkoli, Rosenkohl, Meerrettich
Vitamin E	roter Paprika, Wirsing, Spargel, Kohl, Schwarzwurzeln

Ich glaube, es ist ausreichend deutlich geworden, wie wertvoll Gemüse ist. Leider gibt es auch beim Gemüse eine Kehrseite; denn neben den wertvollen Inhaltsstoffen können auch einige Gift- und Schadstoffe enthalten sein. Man denke nur an Nitrat in rote Bete, Blei in der Möhre usw. Durch die Zubereitung von Gemüse läßt sich die Schadstoffbelastung allerdings etwas vermindern:

☞ das Gemüse gründlich waschen, besonders bei gekräuselten, behaarten oder rauhen Oberflächen (Salate, Wirsing)
☞ besonders belastetes Gemüse schälen (Konflikt Nährstoffverlust kontra Schadstoffe)
☞ äußere Blätter entfernen (Salat, Kohl)

Wenn Sie möglichst »naturreines« Gemüse kaufen möchten, sollten Sie es bevorzugt aus dem ökologischen Gemüseanbau beziehen, z.B. von Bioland oder Demeter. Natürlich macht die allgemeine Belastung der Luft mit Schwermetallen u.ä. auch vor ökologisch bewirtschafteten Feldern nicht halt. Aber wir können sicher sein, daß bei dieser Art des Anbaus auf Vermeidbares verzichtet wird, d.h., daß keine Kunstdünger und keine oder nur bestimmte unbedenkliche Spritzmittel eingesetzt werden. Dort, wo Gemüse naturrein erzeugt wird, bleibt auch das

Grund- und damit unser Trinkwasser frei von unerwünschten Abbauprodukten und Schadstoffeinträgen wie Nitrat.

Um sicherzugehen, daß es sich auch wirklich um Ware aus kontrolliert biologischem Anbau handelt, können Sie sich an sieben Anbauverbänden orientieren: Bioland, Demeter, Naturland, ANOG, Biokreis Ostbayern, Bundesverband ökologischer Weinbau (BÖW) und (neuerdings) GÄA (griech.: »Mutter Erde«), der Vereinigung ökologischer Landbau aus den neuen Bundesländern. Strenge Richtlinien regeln, welche Betriebe sich mit dem Gütesiegel eines dieser sieben Verbände schmücken dürfen.

Mit dem Kauf von Gemüse aus dem ökologischen Anbau tun Sie nicht nur etwas für Ihre eigene Gesundheit, sondern tragen auch dazu bei, daß die Belastung der Region, in der Sie leben, durch Nitrate und andere Schadstoffe verringert wird – zum Schutz unserer Natur, unserer Lebensmittel und unseres Trinkwassers. Weg von der Intensivlandwirtschaft, hin zur umweltschonenden Landwirtschaft und Tierhaltung – der Kauf von »Bioprodukten« ist somit auch aktiver Umweltschutz.

Praktische Hinweise

☞ Jede Gemüsesorte wird mit einer kleinen Warenkunde eingeleitet; dann folgen die entsprechenden Rezepte, die – wenn nicht anders gekennzeichnet – immer für 4 Personen berechnet sind.

☞ Die Temperatureinstellung für Gerichte, die im Backofen gegart werden, bezieht sich auf Ober-/Unterhitze. Die Temperaturen für das Garen mit Umluft liegen im allgemeinen um etwa 30 °C tiefer.

☞ Eine ausführliche Nährwerttabelle finden Sie am Ende des Buches.

Salatgemüse

Da haben wir den Salat – frisch & knackig

Produkt- und Qualitätsmerkmale

Der Salat ist aus der Vollwertküche nicht wegzudenken. Blattsalate werden hauptsächlich als Rohkost zubereitet, so daß wertvolle Inhaltsstoffe nicht durch den Garprozeß verlorengehen. Für den Erhalt dieser Stoffe ist es überaus wichtig, Salate möglichst frisch zuzubereiten. Vitamine entschwinden sehr schnell, weshalb schlaffe Salatköpfe nahezu wertlos sind. Aufgrund des hohen Ballaststoffgehaltes stellen Blattsalate eine Lebensmittelgruppe mit hohem Sättigungswert bei geringem Energiegehalt dar, wobei der Stoffwechsel und die Darmfunktion und damit das Wohlbefinden gefördert werden. Blattsalate enthalten je nach Sorte in unterschiedlichen Mengen Vitamin A und C und Mineralstoffe wie Kalium, Phosphor und Eisen. Besonders reich an diesen Inhaltsstoffen sind Löwenzahn, Gartenkresse und Feldsalat. Durch ein ölhaltiges Dressing werden die fettlöslichen Vitamine A, D, E und K erst für unseren Körper verwertbar. Mit Gewürzen, Kräutern und vielen anderen Zutaten angerichtet, z.B. Käse oder Eiern, sind Salate appetitanregend und schmackhaft. Biologisch erzeugte Blattsalate sind besonders reichlich mit wertvollen Inhaltsstoffen bestückt. Unerwünschte Stoffe, wie Pflanzengiftrückstände und vor allem Nitrate, die gerade bei Blattsalaten problematisch hoch sind, finden sich im Vergleich zu konventionell angebauter Ware nur in geringen Mengen; denn der Nitratgehalt steigt (bei letzterer) in den kalten Monaten, wenn der Salat nur unter Glas oder Folie gezogen wird. Daher ist es gerade bei Blattsalaten besonders wichtig, diese in der Jahreszeit zu kaufen, in der sie frisch im Angebot sind. Beim konventionellen Anbau erhöhen zudem synthetische Stickstoffdünger noch zusätzlich das Nitratangebot für die Pflanze. Manche Blattsalatsorten sind ausgesprochene Schwermetallsammler, und vor allem in industriellen Ballungsgebieten und in der Nähe von Hauptverkehrsstraßen rieseln

mit Schwermetallen beladener Regen und Staub auf sie herab. Auch aus diesem Grunde ist Ware aus dem Bioladen zu bevorzugen.

Die bunte Salatparade

Der bekannteste unter den Blattsalaten ist sicher der **Kopfsalat**. Seine zarten, knackigen Blätter mit ihrem feinen Eigenaroma haben ihn trotz seiner Empfindlichkeit und Neigung zu schnellem Verfall zum Favoriten werden lassen. Inzwischen wurden viele Blattsalatsorten neu gezüchtet oder wiederentdeckt, die zum Teil noch mehr Geschmack und Nährstoffe enthalten und durch ihre bizarren Formen und exotischen Farben mehr fürs Auge bieten.

Wieder auf dem Markt ist der »große Bruder« des Kopfsalats, der **Burgunder**, mit zarteren Blättern, aber einem stärkeren Aroma.

Aus Amerika stammend, gewinnt der **Eisbergsalat** bei uns immer mehr Freunde, da er lange haltbar ist (im Kühlschrank selbst dann, wenn er angeschnitten ist), immer frisch und knackig schmeckt, ergiebig und reich an Wertstoffen ist. Seinen Namen erhielt er wegen seiner verschlossenen Form und der kühlen Frische. Seine Zubereitung ist noch einfacher als die des Kopfsalats; denn es müssen nur die äußeren Blätter entfernt werden. Der Salat ist wegen seiner »Verschlossenheit« von Natur aus sauber und braucht daher nicht gewaschen zu werden. Man teilt ihn mit dem Messer in Viertel oder Streifen. Eissalat sollte immer gut gekühlt serviert werden.

Radicchio ist ein mit Chicorée und Endivien verwandter Salat mit bitterem, würzigem Geschmack. Die kleinen, weinroten Köpfe sind allein oder zusammen mit anderen Blattsalaten oder Gemüsearten recht dekorativ. Radicchio enthält viele Mineralstoffe und Vitamine.

Der **Eichblattsalat** ist an der Form seiner Blätter zu erkennen, die an Eichenlaub erinnern. Sein Haupt ist nicht so fest wie das des Kopfsalates, und er schmeckt würziger, leicht nußartig.

Feldsalat, auch »Rapunzel« oder »Ackersalat« genannt, ist ein feinblättriges

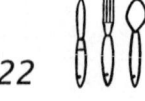

Blattgemüse mit würzig-nussigem Geschmack. Er muß gründlich gewaschen werden, da oft Sand zwischen den Blättchen sitzt. Feldsalat ist frosthart und wird von November bis März als Frischgemüse angeboten. Er enthält viel Eisen, Vitamin C und Karotin. Die Vitamine gehen allerdings sehr schnell verloren, so daß er nur kurz gelagert werden sollte. Da er zu den Baldriangewächsen gehört, hat er eine beruhigende Wirkung. Feldsalat ist weniger mit Pestizidrückständen und Nitrat belastet als anderes Blattgemüse, das häufig aus Gewächshäusern stammt.

Portulak, auch »Postelein« genannt, ist ein Wintersalat, der auch im Mai/Juni wächst. Er ähnelt dem Feldsalat, hat kleine Blätter und einen milden, etwas eigenwilligen Geschmack. Bei uns ist er nur wenig bekannt.

Beim **Endiviensalat** unterscheidet man den Eskariol mit glatten, breiten Blättern und gezahntem Blattrand und den Frisée mit krausen, geschlitzten Blättern. Endiviensalat schmeckt feinherb bis kräftig, wobei der Frisée der mildere von beiden ist. Werden die Köpfe beim Anbau zusammengebunden, wird der Salat nicht so bitter. Je gelber die Blätter, desto weniger Licht haben sie bekommen, und um so geringer ist auch der Nährstoffgehalt. Freilandendivien haben gegenüber anderen Anbauformen einen höheren Gehalt an Kalium, Kalzium, Vitamin C, Karotin und Spurenelementen.

Lollo rosso und **Lollo bianco** sind eng mit dem Frisée verwandt. Es handelt sich um kleine, krausblättrige Kugelköpfe mit rot- bzw. grüngeränderten Blättern. Der Lollo hat ein zartbitteres Aroma.

Eine Neuzüchtung aus Frankreich ist der **Bataviasalat** mit stark gewellten Blättern, die grün oder rötlich gefärbt sein können. Je dunkler die Farbe, desto würziger der Geschmack. Bataviasalat fällt nicht so schnell zusammen wie Kopfsalat.

Der Römische Salat (**Romanasalat**) hat eine längliche Form und hell- bis dunkelgrüne, zum Teil auch rötliche Blätter. Er wurde früher auch »Lattich« oder »Bindesalat« genannt. Er ist geschmacklich kräftiger als der Kopfsalat.

Der **Zuckerhutsalat** (Zichorie) bildet im Spätherbst tütenförmige, geschlossene Köpfe, die sich eingeschlagen bis Februar halten.

Verwendung und Zubereitung

Blattsalate sollten möglichst frisch verbraucht und stets kühl und trocken gelagert werden. Den Salat vor dem Zubereiten gut waschen, aber niemals wässern, danach gut trockenschleudern. Die Salatmarinade erst kurz vor dem Anrichten zum Blattsalat geben und sorgfältig untermischen.

Je origineller Salate gemischt werden, um so überraschender ist das Geschmackserlebnis. Auch in der Auswahl der Soßen bestehen große Variationsmöglichkeiten – und das Geheimnis eines guten Salates liegt meist in dem Dressing. Die folgenden Rezepte sind Vorschläge, die Ihre Phantasie anregen sollen.

Salatsoßen

Hier die Rezepte für die Grundsoßen, die dann beliebig variiert werden können:

Vinaigrette

2 EL Essig
4–6 EL Öl (d.h. 1 Teil Essig auf 2–3 Teile Öl)

Unterschiedliche Geschmacksrichtungen ergeben sich durch die Wahl verschiedener Essig- und Ölsorten, und gerade bei diesen Zutaten sollten Sie nicht sparen. Gut geeignet ist Obstessig, vor allem italienischer und französischer Weinessig. Beim Öl sollten Sie auf kaltgepreßte Sorten achten, z.B. Olivenöl und Nußöl. Zusätzlich würzen können Sie die Vinaigrette durch Zugabe von Senf, kleingehackten Schalotten, Meersalz, verschiedenen Kräutern (möglichst frisch), gemahlenem Pfeffer und Knoblauch. Mit der Knoblauchzehe reiben Sie entweder die Salatschüssel aus oder verrühren sie ausgepreßt mit Essig. Alle Essigsoßen sollten mit etwas Honig gesüßt werden. Wichtig ist, daß zunächst Gewürze, Kräuter und Essig verquirlt werden und dann erst das

Öl untergeschlagen wird. Mischt man sofort alles zusammen, umhüllt das Öl die Gewürze, und die Aromen können sich nicht entfalten. Wer den Essiggeschmack nicht mag, kann die Soße mit saurer Sahne oder Crème fraîche strecken. Durch die Zugabe von saurer Sahne wird sie lieblich. Auch bei leichten Joghurtsoßen sollten Sie auf ein paar Tropfen Öl nicht verzichten, damit die fettlöslichen Vitamine für den Körper verfügbar gemacht werden.

Zubereitungszeit: 10 Minuten

Mayonnaise

Für eine Mayonnaise wird das Eigelb mit Salz, Senf, Zitronensaft und Essig mit dem Schneebesen verrührt. Unter Schlagen geben Sie das Öl tropfenweise hinzu. Der Geschmack kann durch Zugabe von Senf, Knoblauch und Kräutern variiert werden. Leichter wird die Mayonnaise, wenn Sie einen Teil des Öls durch Quark ersetzen. Wenn Sie Kapern, kleingehackte Cornichons, Kräuter und Sardellen hinzufügen, erhalten Sie Remoulade, die sich mit Tomatenmark oder Paprika rot einfärben läßt.

1 Eigelb
¼ TL Salz
½ TL Senf
1 TL Zitronensaft
1TL Essig
100 ml Öl

Zubereitungszeit: 10 Minuten

Grüner Salat mit Schafskäse

*250 g grüner Salat (Kopf-,
Romana-, Endivien- oder
Feldsalat)
2 rote Zwiebeln, in feine
Ringe geschnitten
für die Soße:
1 Eigelb
ca. 50 g Schafskäse
5 EL Olivenöl
1 EL Rotweinessig
Salz, schwarzer Pfeffer,
Oregano*

Salatblätter und Zwiebeln mischen. Salatsoße mit viel schwarzem Pfeffer und Oregano zubereiten und mit dem Salat vermischen.

Zubereitungszeit: 20 Minuten

Eissalat »Feuerland«

*1 Eisbergsalat
4 EL Mayonnaise
1 TL Kräutersenf
4 EL saure Sahne
1 EL süße Sahne
1 EL Preiselbeerkompott
½ TL Meersalz
etwas Honig
2 EL Zitronensaft*

Salat teilen, grob zerpflücken. Für die Soße die Zutaten glattrühren. Soße und Salat bis zum Mischen und Servieren kalt stellen.

Zubereitungszeit: 20 Minuten

Ei im Grünen

Endiviensalat in feine Streifen schneiden. Kartoffeln durch ein Sieb drücken, mit Essig, Salz und Öl glattrühren und Salatstreifen unterheben. Zwiebel in Essig zerdrücken, mit Salz, Honig und Öl verrühren und mit dem Feldsalat vermischen. 4 Eier aus der Schale in siedendes Salz-Essig-Wasser geben. Sobald das Eiweiß gestockt ist, Eier herausheben, abtropfen lassen, rund schneiden und inmitten eines Kranzes aus Feld- und Endiviensalat servieren.

Zubereitungszeit: 40 Minuten

1 kleiner Endiviensalat
200 g Feldsalat
2 gekochte Kartoffeln
4 EL Essig
4 EL Öl
Meersalz
1 Zwiebel, sehr fein gehackt
2 EL Essig
1 Prise Meersalz
etwas Honig
4 EL Öl
Salz-Essig-Wasser
Eier

Fruchtige Salatvariation

Salate putzen und waschen. Römischen Salat in breite Streifen schneiden, Eichblattsalat in mundgerechte Stücke zupfen. Papaya schälen, Kerne entfernen und in Spalten und Stücke schneiden. Orangen ebenfalls schälen und filetieren. Die Sojabohnensprossen kurz abspülen. Für das Dressing Joghurt mit Zitronensaft verrühren, Erdnüsse hinzufügen, mit Salz und Pfeffer abschmecken und die kleingeschnittene Zitronenmelisse daruntermischen. Die Salate mit den Früchten und den Sprossen auf Tellern anrichten und mit dem Dressing beträufeln.

Zubereitungszeit: 30 Minuten

150 g Römischer Salat
100 g Eichblattsalat
1 Papaya
2 Orangen
100 g Sojabohnensprossen
100 g Erdnüsse, geröstet
1 Becher Vollmilch-Joghurt
Saft von ½ Zitrone
weißer Pfeffer
1 Zweig Zitronenmelisse

Chicorée – das knackfrische Wintergemüse

Produkt- und Qualitätsmerkmale

Botanisch gehört Chicorée als Stengelgemüse zur Gattung der Zichorie. Im Frühjahr werden durch Aussaat Wurzeln herangezogen, die im Spätherbst in lockere Erde gepflanzt werden. In völliger Dunkelheit wachsen die Chicoréestangen als neue Triebe heran. Der Lichtmangel führt zu der weißen bis goldgelben Farbe. Durch Lichteinwirkung werden die äußeren Blätter grün und nehmen einen leicht bitteren Geschmack an. Je weißer die Stangen, desto feiner und zarter sind sie im Geschmack. Bewahren Sie die Stangen daher bis zum Verbrauch im Dunkeln auf. Chicorée darf auch nicht zu kalt gelagert werden, daher nur im Kühlschrank ins Gemüsefach legen. Dort hält er sich ohne Qualitätseinbußen mehrere Tage. Chicorée enthält wichtige Mineralstoffe wie Kalzium, Phosphor und Kalium und hat nur ca. 67 Joule (16 kcal.)/100 g. Der für dieses Gemüse typische Bitterstoff, das in Milchsaft enthaltene Intybin, wirkt appetitanregend und verdauungsfördernd. Außerdem gilt Chicorée als harntreibend .

Verwendung und Zubereitung

Die Vorbereitung von Chicorée macht wenig Mühe. Das Wurzelende etwas abschneiden, welke Blätter eventuell entfernen, das bittere Strunkinnere herausschneiden. In kaltem Wasser waschen. Chicorée nicht im Wasser liegen lassen, weil er sich sonst braun verfärbt.
Nun können Sie das Gemüse auf die unterschiedlichste Art und Weise verarbeiten. Chicorée schmeckt gedünstet, geschmort, überbacken, als Auflauf, gefüllt und natürlich als Salat. Hier nun einige Rezepte:

Chicoréesalat

Aus Joghurt, Senf, geraspeltem Meerrettich, feingeschnittenem Schnittlauch und Rosinen eine Salatsoße
bereiten. Chicorée und Apfel in Würfel schneiden und
mit der Soße sofort vermischen.

Zubereitungszeit: 15 Minuten

4 EL Joghurt
2 TL Senf
1 Stück Meerrettich
Schnittlauch
30 g Rosinen
200 g Chicorée
1 Apfel

Ardenner Chicoréesuppe

Chicorée putzen, waschen und in ½ cm dicke Scheiben
schneiden, ebenso den Porree. Die Kartoffeln schälen,
waschen und in kleine Würfel schneiden. Butter zerlassen, Chicorée und Porree unter Rühren in der Butter
andünsten und die Kartoffelwürfel zugeben. Die Milch
hinzugießen, würzen und unter Rühren zum Kochen
bringen; dann das Gemüse bei mittlerer Hitze zugedeckt
in 25 Minuten garen. Die Eigelbe mit der Sahne verquirlen und die Suppe damit binden. Vor dem Servieren mit
Schnittlauch bestreuen. Wer mag, kann noch in feine
Streifen geschnittenen, gekochten Schinken zufügen.

Zubereitungszeit: 55 Minuten

400 g Chicorée
2 Stangen Porree
250 g Kartoffeln
4 EL Butter
¾ l Milch
1 TL Meersalz, 1 Msp.
weißer Pfeffer
2 Eigelb
½ Tasse Sahne
2 EL kleingeschnittener
Schnittlauch
eventuell 100–200 g ge-
kochter Schinken

Chicoréeragout

500 g Chicorée
500 g Tomaten
ca. 300 g Champignons
2 EL Butter
1/8 l Gemüsebrühe
Kräutersalz, Pfeffer
Curry
1 Becher Sahne
1 Eigelb

Chicorée putzen, waschen, das bittere Ende keilförmig herausschneiden, in etwa 2 cm dicke Streifen schneiden. Tomaten waschen und in Scheiben schneiden, Champignons putzen und ebenfalls in Scheiben schneiden. Butter zerlassen, das Gemüse darin andünsten und die Gemüsebrühe hinzugießen. Dann 5–10 Minuten bei geringer Hitzezufuhr dünsten. Das Ragout mit den Gewürzen abschmecken. Das Eigelb mit der Sahne verquirlen und das Gemüse damit binden. Zu Kartoffeln, Reis oder anderen Getreidebeilagen servieren.
Zubereitungszeit: 30 Minuten

Chicorée nach Brüsseler Art

4 Stauden Chicorée
100 g Butter
½ TL Meersalz
2 EL Zitronensaft
250 g ausgelöste Hühner-
brüste
2 EL Vollkornmehl
1/8 l Geflügelbrühe
1/8 l Sahne
1 Prise Muskat, etwas
Meersalz, Pfeffer
4 Scheiben gekochter
Schinken
1 Eigelb
4 EL geriebener Gouda

Das bittere Ende des Chicorées keilförmig herausschneiden. Den Chicorée in einen Topf mit wenig Wasser geben, Salz, Zitronensaft und 2 EL Butter dazugeben und in ca. 15 Minuten gar dünsten. Hühnerbrust würfeln und in 2 EL Butter 5 Minuten braten. Aus dem Mehl und der restlichen Butter eine Schwitze bereiten, mit der Geflügelbrühe löschen und 5 Minuten köcheln lassen. Die Sahne und Gewürze zugeben. Die Garflüssigkeit und das Fleisch in die Soße rühren. Den Chicorée der Länge nach halbieren und jeweils eine Chicoréehälfte mit Frikassee füllen, die zweite Hälfte darauflegen, die Stauden mit Schinken umhüllen und in eine Auflaufform legen. Das Eigelb mit dem Käse verquirlen, über den Chicorée gießen und bei 200 °C in etwa 15 Minuten goldbraun überbacken.
Zubereitungszeit: 95 Minuten

Fenchel – die gehaltvolle Knolle für Feinschmecker

Produkt- und Qualitätsmerkmale

Von Juli bis November wird Gemüsefenchel aus deutschem Anbau angeboten. Verglichen mit anderem Gemüse ist er relativ energiereich und sättigend. Fenchel enthält große Mengen Vitamine und Mineralstoffe und ist ein ausgezeichneter Lieferant von Karotin, Kalzium und Eisen. Er hat einen typisch anisähnlichen Geschmack, der besonders in dem rohen Gemüse zur Geltung kommt. Beim Dünsten oder Backen geht ein Teil dieses Aromas verloren.

Verwendung und Zubereitung

Bei der Vorbereitung müssen Stengel, dunkle Stellen und die Wurzelscheibe abgeschnitten werden. Die Knolle gut waschen, da hier oft Sand haftet. Das Fenchelgrün eignet sich zum Würzen und Garnieren. Fenchelknollen können einige Tage in Folie eingewickelt im Kühlschrank aufbewahrt werden.

Fenchel-Orangen-Salat

Fenchel putzen und in feine Scheiben schneiden. Fenchel- und Orangenscheiben mit dem Saft, Crème fraîche, Senf und Gewürzen mischen. Abschmecken. Mit Nüssen bestreuen.

Zubereitungszeit: 20 Minuten

3 Fenchelknollen (ca. 750 g), 2 Orangen, geschält, in Spalten geschnitten
Saft von je 1 Orange und 1 Zitrone
3 EL Crème fraîche
1 TL süßer Senf, Meersalz, Pfeffer, 100 g gehackte Paranüsse (ersatzweise Haselnüsse)

Fenchelkartoffeln

800 g Pellkartoffeln
400 g Fenchelknollen
20 g Butter
Meersalz, Pfeffer
250 g saure Sahne
1 Zwiebel, in Scheiben
geschnitten
2 EL geriebener Käse
Butterflöckchen

Kartoffeln pellen, in Scheiben schneiden. Fenchel klein-schneiden und in heißer Butter 5 Minuten dünsten. Fenchelgrün hacken. Kartoffel-, Zwiebelscheiben, Fenchel und Fenchelgrün in eine Auflaufform geben und würzen. Saure Sahne mit Salz und Pfeffer verrühren, darübergießen. Mit Käse und Butterflöckchen bedecken und bei 200 °C 40 Minuten backen.

Zubereitungszeit: 60 Minuten

Fenchelsuppe »Avignon«

1 kg Fenchel
300 g Kartoffeln
3 Knoblauchzehen
1 Zwiebel
1 Lorbeerblatt
1 TL Meersalz, 1 Prise
Pfeffer
1 l Wasser
1 säuerlicher Apfel
2 EL Butter
3 EL gehackte Petersilie

Fenchelknollen in kleine Stücke schneiden, das Fenchelgrün hacken. Kartoffeln schälen und in kleine Würfel schneiden. Knoblauchzehen und Zwiebel ebenfalls fein würfeln. Das Gemüse, mit Ausnahme des Fenchelgrüns, mit den Gewürzen in einen Topf mit Wasser geben, zum Kochen bringen und zugedeckt bei mäßiger Hitze in 30 Minuten garen. Apfel schälen und fein raspeln. Butter zerlassen. Petersilie und Fenchelgrün in der Butter unter Umwenden kurz dünsten und beiseite stellen. Lorbeerblatt entfernen. Das Gemüse (mit dem Schneidstab) pürieren und wieder in den Topf geben. Geraspelten Apfel und angedünstete Kräuter unter die Suppe rühren.

Zubereitungszeit: 70 Minuten

Fenchelmuscheln

Muscheln unter kaltem Wasser gründlich bürsten. Fenchel in feine Streifen schneiden, Fenchelgrün beiseite legen. Öl erhitzen, fein gewürfelte Zwiebel darin glasig braten, den zerdrückten Knoblauch samt Fenchel und Fenchelsamen darin anschwitzen. Wein und Brühe zugießen, würzen und nach dem Aufkochen die Muscheln zufügen. Zugedeckt 10–12 Minuten garen und dabei öfter umrühren. Tomaten vierteln und kurz mitgaren. Fenchelgrün darüberstreuen. Dazu Baguette reichen.

2 kg Miesmuscheln
2 Fenchelknollen
2 EL Öl
1 Zwiebel
2 Knoblauchzehen
2 EL Fenchelsamen
1/8 l trockener Weißwein
200 ml Hühnerbrühe
Meersalz, schwarzer Pfeffer
500 g kleine, feste Tomaten, gehäutet

Zubereitungszeit: 60 Minuten

Hier noch ein leckeres Fischgericht:

Brasse auf Fenchel

Fisch ausnehmen, aber den Kopf dranlassen. Gründlich von innen und außen waschen und gut abtropfen lassen. Fenchel in Ringe schneiden, Fenchelgrün beiseite legen. Tomaten grob hacken. Zwiebel und Knoblauch sehr fein schneiden. Gemüse in heißem Öl andünsten und in einer feuerfesten Form verteilen. Würzen und mit Wein beträufeln. Fisch innen und außen mit Pfeffer und Salz bestreuen und in das Gemüsebett legen. Mit Öl beträufeln. Bei 200 °C 20–25 Minuten schmoren, anschließend mit Fenchelgrün bestreuen.

1 Meer- oder Goldbrasse, ca. 1 kg
400 g Fenchelknollen
3 Fleischtomaten, gehäutet
1 große Zwiebel
2–3 Knoblauchzehen
3 EL Olivenöl
Meersalz, Pfeffer
1 TL Oregano, gerebelt
frisches Basilikum oder glattblättrige Petersilie
1/8 l trockener Weißwein
1 EL Olivenöl

Zubereitungszeit: 75 Minuten
Das Rezept eignet sich auch für jeden anderen Fisch.

Spinat – mehr als nur ein »grüner Eisklotz«

Produkt- und Qualitätsmerkmale

Ab Mitte März bis Dezember kann frischer Spinat eingekauft werden, wobei zwischen Wurzel- und Blattspinat unterschieden wird. Beim Wurzelspinat, der hauptsächlich als Tiefkühlkost Verwendung findet, wird die Pflanze direkt unter dem Wurzelhals abgeschnitten. Beim Blattspinat dagegen werden die einzelnen Blätter oberhalb des Wurzelhalses abgeerntet; er ist zarter und nicht so kräftig im Geschmack.

Spinat enthält viel Eiweiß und ist reich an Vitaminen, besonders Vitamin C, B_2 und Karotin, sowie Mineralstoffen, vor allem Kalzium und Eisen (der Eisengehalt ist jedoch bei weitem nicht so hoch, wie früher immer behauptet wurde!). Da Spinat auch Oxalsäure enthält, die Kalzium bindet, sollten Spinatgerichte mit Milch verfeinert werden, um diesen für die Kalziumversorgung des menschlichen Organismus unerwünschten Effekt auszugleichen.

In vielen Gerichten läßt sich Spinat ohne weiteres durch **Mangold** ersetzen, der im Gegensatz zum Spinat das ganze Jahr über geerntet wird. Blattmangold, der wie Spinat dünne Stiele und breite Blätter hat, aber noch kräftiger schmeckt, eignet sich genauso wie Stielmangold. Stiel- oder Rippenmangold besitzt fleischige, lange Stiele, die an Spargel erinnern (wenn sie jung sind) und auch ähnlich zubereitet werden. Die leicht bittere Note kann durch Milch oder Sahne gemildert werden. Auch hier ist der Eiweiß-, Mineralstoff- und Vitamingehalt sehr hoch, er liegt jedoch etwas niedriger als beim Spinat.

Verwendung und Zubereitung

Für eine Mahlzeit sollten Sie mindestens 500 g Spinat/Person rechnen und beim Einkauf auf Ware aus ökologischem Anbau zurückgreifen, da hier mit geringeren Nitratgehalten als im konventionellen Anbau zu rechnen ist. Spinat sollte generell schnell verzehrt und nicht zum zweitenmal aufgewärmt werden, da sich in der Zwischenzeit bis zum erneuten Aufwärmen das Nitrat in giftiges Nitrit umwan-

deln kann, was vor allem bei Säuglingen und Kleinkindern zu gesundheitlichen Schäden führen kann. Säuglingen sollte frischer Spinat nicht vor dem 5. Lebensmonat verabreicht werden. Hier empfiehlt es sich, auf Babykost-Gläschen zurückzugreifen, wo der Nitratgehalt auf maximal 250 mg/kg begrenzt ist. Spinat sollte nicht länger als einen Tag aufbewahrt und im Kühlschrank mit einem feuchten Tuch abgedeckt werden.

Vor der Zubereitung den Spinat mindestens zweimal sorgfältig waschen und die besonders harten Stengel entfernen. Wegen der Vitamine sollte er immer schonend und »à la minute« zubereitet werden. Spinat schmeckt gedünstet mit Butter und Milch oder heller Soße, mit geriebenem Käse überbacken, als Salat sowie als Füllung für Nudel- und Teigtaschen.

Spinatsalat

Spinat gründlich waschen, Stiele abzupfen. Radieschen und Zwiebel in dünne Scheiben schneiden, Tomaten achteln. Alle vorbereiteten Zutaten in einer Schüssel locker mischen. Den Quark mit Joghurt, Sahne und Öl verrühren und mit den würzenden Zutaten abschmecken. Schnittlauch, in Röllchen geschnitten, in die Soße geben und diese über dem Salat verteilen. Mit Walnüssen bestreuen.

Zubereitungszeit: 35 Minuten

250 g junger Blattspinat
1 Bund Radieschen
1 Zwiebel
4 Tomaten
100 g Magerquark
2 Becher Vollmilchjoghurt
3 EL Sahne
1 TL Öl
Meersalz, schwarzer Pfeffer
2 EL helle Sojasoße
1 TL Curry
1 Bund Schnittlauch
1 EL gehackte Walnüsse

Spinatsuppe mit Schafskäse-Croûtons

500 Spinat
Zwiebel
50 g Butter
1 l Gemüsebrühe
2 EL Crème fraîche
Meersalz, Pfeffer
3 Scheiben Vollkorn-
Toastbrot
1 Knoblauchzehe
50 g Schafskäse

Spinat gründlich waschen und abtropfen lassen. Zwiebeln würfeln und in 30 g Butter glasig dünsten. Spinat zufügen und so lange weiterdünsten, bis er zusammengefallen ist. Brühe angießen. Alles pürieren und noch weitere 3 Minuten kochen lassen. Die Suppe mit Crème fraîche verfeinern und mit Salz und Pfeffer abschmekken. Aus den Toastbrotscheiben Kreise von ca. 4 cm Durchmesser ausstechen. Restliche Butter erhitzen, Knoblauch hineinpressen und anrösten. Nun die Croûtons von beiden Seiten darin goldgelb braten. Schafskäse in kleine Würfel schneiden und auf den Croûtons verteilen. Spinatsuppe mit den Schafskäse-Croûtons zusammen servieren.

Zubereitungszeit: 60 Minuten

Roggenrisotto mit Spinat

250 g Roggen
3 EL Gemüse-Hefebrühe
1 Zwiebel
2 EL Öl
1 kleiner Zweig Rosmarin
2 Tomaten
40 g Sonnenblumenkerne
20 g Butter
250 g Spinat
Kräutersalz, Pfeffer, Muskat
40 g Blauschimmelkäse
3 EL Schlagsahne

Roggen über Nacht einweichen. Abgießen, dabei das Einweichwasser auffangen und 600 ml abmessen. Mit Hefebrühe vermischen. Zwiebelwürfel in heißem Öl andünsten. Roggen und Rosmarin dazugeben und glasig dünsten. Brühe zugießen. Zugedeckt etwa 45 Minuten bei kleiner Hitze garen.

Abgezogene Tomatenviertel und Sonnenblumenkerne in Butter andünsten. Tropfnassen Spinat dazugeben. So lange dünsten, bis die Flüssigkeit verdampft ist. Kurz vor Ende der Garzeit das Gemüse vorsichtig unter die Körnermasse heben und mit den Gewürzen abschmek-

ken. Käse mit Sahne verrühren und kurz vor dem Servieren unterrühren.

Zubereitungszeit: 65 Minuten
Roggen über Nacht einweichen

Spinat-Gnocchi in Tomatensoße

Spinat gründlich waschen, gut abtropfen lassen und kleinschneiden bzw. zu einem groben Brei pürieren. Mit Quark, Ei, Mehl, Parmesan und Grieß gründlich verrühren. Teig kräftig würzen. Zugedeckt für mindestens 1 Stunde in den Kühlschrank stellen. In der Zwischenzeit die Tomatensoße zubereiten. Zwiebel und Knoblauch sehr fein hacken und in heißem Öl goldgelb dünsten. Grob zerkleinerte Tomaten dazugeben, mit den Gewürzen bestreuen. Aufkochen und zugedeckt bei mittlerer Hitze so lange köcheln lassen, bis ein Brei entsteht. Nochmals abschmecken. Vom Herd nehmen und beiseite stellen.

Für die Spinat-Gnocchi 2 Liter Salzwasser zum Kochen bringen. Von dem Teig mit 2 Teelöffeln kleine Klößchen abstechen. In das kochende Wasser geben und in ca. 2–3 Minuten garen. Die Klößchen sind fertig, wenn sie an der Oberfläche schwimmen. Mit einem Schaumlöffel herausnehmen und gut abtropfen lassen. Tomatensoße nochmals kurz erhitzen und getrennt zu den Spinat-Gnocchi servieren.

300 g Spinat
125 g Quark (20% Fett)
1 Ei
3 EL Weizenvollkornmehl
3 EL geriebener Parmesan
2 gestrichene EL Grieß
¼ TL Meersalz, Pfeffer, Muskat
2 l Salzwasser
für die Tomatensoße:
1 Zwiebel
1 Knoblauchzehe
2 EL Öl
400 g Tomaten, gehäutet
Kräutersalz, Pfeffer
¼ TL Basilikum

Zubereitungszeit: 60 Minuten
Teig 60 Minuten ruhen lassen

Spinatstrudel

Für den Teig:
250 g feines Dinkelmehl
½ TL Meersalz
4 EL Olivenöl
8–10 EL Wasser
für die Füllung:
2 Zwiebeln
1½ kg Spinat
2 EL Olivenöl
Meersalz, Pfeffer
1 Bund frische Kräuter
(Petersilie, Beifuß,
Liebstöckel)
200 g Quark
2 Eigelb
3 EL grobes Haferkorn-
schrot
außerdem:
Vollkornmehl
Butter

Mehl mit Salz in eine Schüssel geben, Öl und Wasser löffelweise zufügen, mit einer Gabel vermengen. Dann alles kneten, bis der Teig glatt ist. 60 Minuten an einem warmen Ort ruhen lassen. Zwiebeln in Scheiben, Spinat in Streifen schneiden. In heißem Öl dünsten, bis der Spinat etwas einfällt. Abkühlen lassen, Flüssigkeit abgießen, mit den Gewürzen und Kräutern abschmecken. Quark mit Eigelb mischen, Haferschrot untermengen und unter den Spinat mischen.

Den Strudelteig ausrollen, auf ein bemehltes Küchentuch geben und Ränder ausziehen. Teig mit flüssiger Butter bestreichen, die Gemüsemasse auftragen und Teig zusammenrollen. Auf ein gefettetes Backblech setzen, mit Butter bestreichen und bei 190 °C 45 Minuten backen.

Zubereitungszeit: 100 Minuten
Teig 60 Minuten ruhen lassen

Cannelloni mit Spinat

Für die Cannelloni die gesiebten Mehle in einer Schüssel mit Eiern, Öl, Butter und einer Prise Salz zu einem geschmeidigen Teig verkneten. Zugedeckt etwa 30 Minuten ruhen lassen. Den Teig mehrmals durch die glatte Walze einer Nudelmaschine drehen oder mit einem Nudelholz ausrollen. In Quadrate mit einer Kantenlänge von 8–10 cm schneiden (nicht größer, als die Auflaufform breit ist). Einige Minuten in Salzwasser kochen, abtropfen lassen.

Für die Béchamelsoße die Butter zerlassen, Mehl mit einem Schneebesen darin verrühren und mit Milch und Sahne ablöschen, glattrühren und einmal aufkochen. Bei geringer Hitze köcheln lassen und mit den Gewürzen und dem Zitronensaft abschmecken.

Für die Füllung Knoblauch, Zwiebel und Fleisch im Fett anbraten, Spinat zufügen und ca. 10 Minuten weiterdünsten. Die zuvor verrührte Eier-Sahne-Mischung damit vermengen und abschmecken. Füllung auf das untere Drittel der Teigquadrate geben und diese zusammenrollen. Eine gefettete Auflaufform mit den in Scheiben geschnittenen Tomaten auslegen, Cannelloni darüberlegen und mit Béchamelsoße übergießen. Mit geriebenem Käse und Petersilie bestreuen und bei 200 °C 20 Minuten im Backofen backen, zum Schluß nur mit Oberhitze.

Zubereitungszeit: 100 Minuten
Teig 30 Minuten ruhen lassen

Für die Cannelloni:
100 g Buchweizenmeh
100 g Weizenmehl
2 Eier, 1 TL Öl
2 EL Butter
Meersalz, Salzwasser
(oder fertige Cannelloni)
Béchamelsoße aus:
2 EL Butter
2 EL Weizenmehl
1 Tasse Milch
1 Tasse Sahne
2 gestr. TL gekörnte Brühe
Meersalz, Pfeffer, Muskat
2 EL Zitronensaft

für die Füllung:
1 EL Butter
1 EL Olivenöl
1 Knoblauchzehe, gepreßt
1 feingehackte Zwiebel
500 g Hackfleisch
250 g feingehackter Spinat
2 Eier
100 g Sahne
Meersalz, Pfeffer, Muskat

außerdem:
4 Tomaten
80 g geriebener Käse
2 EL gehackte Petersilie

Kichererbsen-Mangold-Suppe

250 g Kichererbsen
2 Tomaten
1 Zwiebel
4 Knoblauchzehen
je 1 TL Kräutersalz und
Rosenpaprika, scharf
1 Lorbeerblatt
750 g Mangold
2 EL Olivenöl
2 EL Weißwein
2 EL gehackte Petersilie

Kichererbsen 12 Stunden lang mit Wasser bedeckt einweichen lassen. Dann gründlich waschen und mit 1½ Liter Wasser zum Kochen bringen. Tomaten waschen und ungeschält als Ganzes zu den Erbsen geben. Zwiebel schälen und vierteln. Knoblauchzehen schälen und halbieren. Mit den Gewürzen zu den Erbsen geben und alles zugedeckt 60 Minuten bei milder Hitze kochen lassen.

Mangold waschen, abtropfen lassen, putzen und grob zerkleinern. Nach Beendigung der Garzeit zu den Erbsen geben und weitere 5 Minuten kochen lassen.

Die Zwiebelviertel, Tomaten, Knoblauchstücke und 1 EL Erbsen aus dem Topf nehmen und durch ein Sieb passieren. Das Öl erhitzen und das Tomatenmus im Öl einige Minuten anbraten. Mit Weißwein wieder in die Suppe geben, 5 Minuten leicht kochen lassen und mit Petersilie bestreuen.

Zubereitungszeit: 100 Minuten
Quellzeit: 12 Stunden

Mangoldsalat (gekocht)

Die Zutaten für die Marinade mit dem Schneebesen gut verrühren. Mangold waschen (dabei ein wenig vom Mangoldgrün zurückbehalten) und Stiele in breite Stücke schneiden. In etwas Salzwasser mit Zitronensaft knapp weich kochen, gut abtropfen lassen und noch lauwarm mit der Soße mischen.

Mangoldgrün in feine Streifen schneiden, am Schluß unter den Salat mischen. Mit in Scheiben geschnittenen Eiern garnieren.

Zubereitungszeit: 30 Minuten

500 g Mangold
Zitronensaft
für die Marinade:
etwas Estragon, gehackt
Petersilie, fein gehackt
1 Spritzer Sojasoße
½ EL Worcestersoße
1 Zwiebel, gehackt
1 TL Streuwürze
2 EL Zitronensaft
2 EL saure Sahne
2 EL Öl
außerdem:
2 gekochte Eier

Mangoldgemüse mit Käse

Mangold waschen und abtropfen lassen. Blätter von den Stielen lösen. Stiele in kleine Stücke schneiden und zusammen mit den Blättern in einen Topf geben, mit kochendem Wasser übergießen und 5 Minuten leicht kochen lassen. Auf ein Sieb gießen, gut abtropfen lassen. Blätter feinhacken.

40 g Butter erhitzen und Zwiebel darin hellbraun braten. Mit Mehl bestäuben und 3 Minuten durchschwitzen lassen. Milch einrühren, mit Salz und Pfeffer abschmecken. Gehackten Mangold dazugeben und zugedeckt 10 Minuten kochen lassen.

Eine feuerfeste Form einfetten. Mangold einfüllen und dick mit Käse bestreuen. Restliche Butter in Flöckchen

1 kg Mangold
75 g Butter
1 Zwiebel, gewürfelt
2 EL Vollkornweizenmehl
¼ l Milch
Meersalz, Pfeffer
Butter für die Form
100 geriebener Emmentaler

daraufsetzen. Form in den Backofen stellen und bei 200 °C 15 Minuten überbacken. Dazu Pellkartoffeln servieren.

Zubereitungszeit: 60 Minuten

Mangoldkuchen

Für den Teig:
250 g Weizenvollkornmehl
½ Päckchen Backpulver
1 Ei
1 Prise Meersalz
125 g Margarine
für den Belag:
1 kg Mangold
40 g Butter
Meersalz, Muskat
125 g Parmesankäse
1/8 l Sahne
2 Eier
Meersalz, Pfeffer

Aus den Teigzutaten einen Mürbeteig herstellen, 30 Minuten ruhen lassen. Mangold (wie Spinat) in Butter dünsten, Gewürze und Käse untermengen. Den Boden bei 200 °C 15 Minuten vorbacken. Die Mangoldmasse auf den vorgebackenen Teig geben. Sahne, Eier und Gewürze verquirlen und über den Mangold gießen. Den Kuchen bei 200 °C 20–30 Minuten backen, bis er eine goldgelbe Farbe hat.

Zubereitungszeit: 65 Minuten
Teig 30 Minuten ruhen lassen

Kohlgemüse

Kohl, ein wertvoller Kopf – besonders im Winter

Produkt- und Qualitätsmerkmale

In der Bundesrepublik macht Kohl 60 Prozent der Gemüseernte aus – kein Wunder, daß man uns im Ausland als »Krauts« bezeichnet. Es gibt nur wenige Pflanzenfamilien, die so viele verschiedene Gemüsepflanzen hervorbringen wie die Kohlgewächse (Kreuzblütler). Bei uns baut man hauptsächlich neun verschiedene Sorten an: Weißkohl (auch »Weißkraut« genannt, kann zu Sauerkraut verarbeitet werden; eine Variante ist der Spitzkohl), Rotkohl (Blaukraut), Wirsing, Grünkohl, Rosenkohl, Blumenkohl, Brokkoli, Chinakohl und Kohlrabi. Kohl ist zum größten Teil winterfest und gut lagerfähig, so daß er in den Wintermonaten in der hiesigen Küche die Lücke in der Gemüseversorgung schließt. Er wird oft der deftigen Küche zugeordnet und als schwer verdaulich eingestuft, was so allgemein jedoch nicht zutrifft; denn es gibt feine Zubereitungsarten, und die Verdaulichkeit »schwererer« Kohlarten kann außerdem durch Zugabe bestimmter Gewürze verbessert werden. Magenempfindlichen bekommt Kohl oft besser, wenn er vorher tiefgefroren wird. Biologisch angebauter Kohl zeichnet sich nicht nur durch bekannte Vorteile wie besseren Geschmack (weniger streng durch höhere Trockensubstanz und höheren Zuckergehalt) und geringere Belastung durch Nitrate und Schwermetalle aus, sondern im allgemeinen auch durch eine bessere Verdaulichkeit im Vergleich zu konventionell angebauter Ware. Der nicht gespritzte Kohl enthält bereits Milchsäurebakterien, die den Gärungsprozeß zum Sauerkraut von sich aus in Gang setzen können. Kohl liefert wertvolle Vitamine, Mineral- und Ballaststoffe sowie zahlreiche appetit- und verdauungsanregende Enzyme und Geschmacksstoffe. Der Mineralstoffgehalt liegt beim Grünkohl besonders hoch, der von den Kohlsorten das meiste Eisen,

Kalium und Kalzium enthält, gefolgt vom Brokkoli. Reich an Kalium sind auch Rosenkohl und Kohlrabi. Auch im Vitamingehalt liegt Grünkohl mit viel Vitamin C und Karotin an der Spitze, gefolgt von Rosenkohl. Brokkoli ist ebenfalls sehr reich an Vitamin C. In bezug auf den zu geringen Verzehr von Ballaststoffen in unserer Gesellschaft sei hier besonders auf den hohen Gehalt dieser Stoffe in Rosen-, Grünkohl und Brokkoli hingewiesen. Einen hohen Eiweißgehalt weisen Rosen-, Grünkohl und Wirsing auf. Damit das Kohleiweiß nicht so schwer verdaulich ist, sollten Gewürze wie Kümmel, Lorbeer, Wacholder oder Senfkörner bei der Zubereitung nicht fehlen.

Naturheilkundlich werden dem Kohl verschiedene Heilfunktionen zugeschrieben. Er soll bei Geschwüren und Entzündungen helfen und in leicht gekochter Form abführend und harntreibend wirken. Durch eine bestimmte Aminosäureverbindung kann er die Magen- und Darmschleimhäute schützen und sogar Blutfettwerte senken. Kohl (auch Meerrettich, Kresse, Senf, Zwiebeln, Knoblauch) enthält zudem Senföle (Isothiocyanate), die antibiotisch wirken und das Immunsystem stärken. Da durch die Verarbeitung von Kohl der Senfölanteil sinkt, ist dieser in der Rohkost am höchsten. Ist die Thiocyanat-Zufuhr zu hoch, kann die Jodaufnahme im Körper gehemmt werden, was zur Kropfbildung führen kann. Diese Erfahrung hat man vor allem in den Kriegsjahren gemacht, als Kohl oftmals als einziges erhältliches Gemüse täglich verzehrt wurde. In unserer heutigen Ernährung wird eine einseitige Zufuhr jedoch kaum eintreten. Zudem müßte zusätzlich eine insgesamt schlechte Jodversorgung vorliegen, so daß man sich nicht verunsichern lassen sollte.

Verwendung und Zubereitung

Blumenkohl gilt als feines Gemüse mit einem milden Aroma. Er eignet sich roh in geraspelter Form als Salat, gedünstet als Gemüse, für Suppen und Aufläufe, aber auch sauer eingelegt. Sollte die sogenannte Blume nicht mehr schneeweiß, sondern gelblich sein, so liegt das daran, daß der Blumenkohl dem Licht ausge-

setzt war, was den Nährstoffgehalt allerdings nicht beeinträchtigt. Diese Köpfe sollen sogar etwas haltbarer sein. Blumenkohl hält sich etwa 3 Tage im kühlen Keller oder im Gemüsefach des Kühlschrankes. Vor der Zubereitung sollte der Kohlkopf in Salzwasser gelegt werden, um eventuell vorhandene Raupen oder Insekten zu entfernen. Wird er nach dem Kochen mit eiskaltem Wasser abgeschreckt, behält er seine helle Farbe. Blumenkohl ist im Frühsommer und von September bis November erhältlich. Er ist reich an Vitamin B und C sowie Kalzium.

Der feinste Verwandte des Blumenkohls ist der **Brokkoli** mit seinem spargelähnlichen Geschmack. Er ist bei uns ein noch relativ »junges Gemüse« mit lockeren, meist tief- bis violettgrünen Blütenköpfen. Blätter und Stiele sollten knackig frisch sein. Ein gelblicher Schimmer auf den Röschen weist auf eine zu lange Lagerzeit hin. Sowohl Blütenstände als auch Stengel können verzehrt werden. Bei der Zubereitung ist zu beachten, daß die Röschen schneller garen, deshalb sollten Sie die Stengel kreuzförmig einritzen oder getrennt von den Röschen länger garen. Brokkoli nie in Fett andünsten, denn dadurch wird er zäh. Soll er gebraten werden, vorher blanchieren. Brokkoli wird wie Blumenkohl zubereitet und zwischen August und Oktober geerntet. Er hält sich etwa zwei Tage, wobei er sehr druckempfindlich ist. Aufgrund seines hohen Gehalts an Eiweiß und Ballaststoffen, Vitamin C, Eisen, Kalzium und Kalium ist Brokkoli sehr wertvoll (siehe oben).

Chinakohl, auch »Peking-« oder »Blätterkohl« genannt, stammt aus Ostasien und wird in China als Alltagsgemüse verwendet, ähnlich wie bei uns der Weißkohl. Chinakohl ist zarter als Weißkohl und Wirsing und bietet den Vorteil einer kurzen Kochzeit von nur 10–15 Minuten. Ihm fehlt der typische Kohlgeschmack und auch die blähende Wirkung vieler Kohlarten; Senföle, die die Speichel- und Magensaftausschüttung und die Darmmotorik unterstützen, sowie Aminosäuren machen ihn besonders bekömmlich und verdauungsfördernd. Chinakohl eignet sich zum Dünsten, aber auch sehr gut als Salat; denn er fällt nicht so schnell zusammen. Die 800–1200 g schweren Köpfe verbraucht man meist nicht für eine Mahlzeit. Sie sollten deshalb nur so viele äußere Blätter entfernen, wie Sie

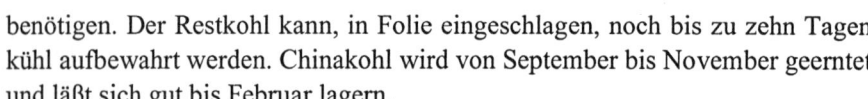

benötigen. Der Restkohl kann, in Folie eingeschlagen, noch bis zu zehn Tagen kühl aufbewahrt werden. Chinakohl wird von September bis November geerntet und läßt sich gut bis Februar lagern.

Grünkohl ist ernährungsphysiologisch unter den Kohlsorten der Spitzenreiter. Er enthält viel Eiweiß und Ballaststoffe und ist reich an Vitaminen und Mineralstoffen, vor allem Vitamin C, Karotin, Kalzium, Kalium, Eisen und Magnesium. Leider wird er in der traditionellen Küche oft stundenlang gekocht, so daß viele Vitamine zerstört werden. Wer vollwertig kochen will, sollte deshalb eine dreiviertel Stunde nicht überschreiten. Grünkohl schmeckt erst richtig, wenn er Frost bekommen hat – er ist also ein typisches Wintergemüse. Sein kräftiger Kohlgeschmack wird besonders in Nord- und Westdeutschland geschätzt. Grünkohl aus biologischem Anbau schmeckt im allgemeinen nicht so streng. Die Grünkohlspitzen sind auch in roher Form köstlich.

Wie Grünkohl sollte **Rosenkohl** erst geerntet werden, wenn er Frost bekommen hat. Das Zellulosegewebe lockert sich dadurch, und der Rosenkohl wird zarter und bekömmlicher. Der Zuckergehalt steigt, und der etwas bittere Geschmack geht verloren. Der hohe Vitamin-C-Gehalt nimmt durch die Frosteinwirkung jedoch etwas ab. Rosenkohl ist außerdem sehr eiweiß- und ballaststoffreich und enthält viel Karotin, Kalium und Eisen. Nach der Ernte müssen die Röschen sehr schnell verarbeitet werden, da sie keine lange Lagerung vertragen und schnell welk werden. Rosenkohl wird fast immer gedünstet zubereitet. Damit er schneller gar wird, sollte der Strunk kreuzweise eingeritzt werden.

Rot-, **Weißkohl** und **Wirsing** sind schwerer verdaulich als andere Kohlarten. Sie sind reich an Vitaminen und Mineralstoffen und enthalten eine besondere Form des Vitamin C, das beim Kochen erst freigesetzt und nicht – wie sonst – durch Erhitzen zerstört wird.

Rotkohl erhielt seinen Namen durch seine Farbe, die durch den blauroten Farbstoff Anthocyan hervorgerufen wird. Durch Zusatz von Basen, z.B. Milch, verstärkt sich die blaue Farbe; fügt man dagegen Säuren hinzu, z. B. Essig, schlägt die Farbe in Rot um. Rotkohl wird ähnlich wie Weißkohl verwendet und eignet sich ebenfalls zum Einsäuern.

Der bei uns am häufigsten angebaute und verzehrte Kohl ist der **Weißkohl**, wovon etwa 60 Prozent auf die Sauerkrautherstellung entfallen. Diese milchsaure Gärung liefert nicht nur ein leicht verdauliches, schmackhaftes Gemüse, sondern steigert auch den gesundheitlichen Wert des Kohls. Eine Variante des Weißkohls ist der **Spitzkohl**, der die Weißkohlsaison im Frühjahr einläutet. Sein Kopf ist im Gegensatz zu den späteren Sorten nicht rund, sondern spitz.

Weißkohl ist sehr gut haltbar, und da die späten Dauersorten bis in den April gelagert werden können, ist er das ganze Jahr erhältlich. Weißkohl läßt sich vielseitig zubereiten. Sie können ihn geraspelt als Rohkost genießen, wobei Magen-und Darmempfindliche ihn vorher blanchieren sollten. Als Gemüse wird er gedünstet, er kann zur Umhüllung von Füllungen als Krautwickel verwendet oder als Eintopf zubereitet werden. Durch Zugabe von Gewürzen wie Kümmel wird die blähende Wirkung verringert. Wegen der größeren Mengen an Ballast-stoffen wirkt Weißkohl, wie auch Rotkohl und Wirsing, verdauungsregulierend. Die gesunden, äußeren Blätter sind besonders wertvoll, weil sie mehr Nährstoffe als die inneren, hellen Blätter enthalten.

Wirsing ähnelt in der Nährstoffzusammensetzung dem Weiß- und Rotkohl, enthält aber noch mehr Eiweiß und Eisen. Er ist etwas lockerer und leichter als Weißkohl und unterscheidet sich von diesem durch seine krausen, gewellten Blätter, die bei den frühen Sorten hellgrün und bei den Herbst- und Winterköpfen dunkelgrün sind. Die äußeren Blätter sollten entfernt oder gut gewaschen werden, denn wie bei anderen großblättrigen Gemüsearten (z.B. beim Grünkohl) ist hier die Bleibelastung am höchsten. Geschmacklich ist Wirsing milder als Weißkohl. Er eignet sich für Eintopf und Kohlrouladen, allerdings weniger als Rohkost.

Kohlrabi soll hier nur der Vollständigkeit halber erwähnt werden, da er auch zu den Kohlarten zählt. Da er jedoch selten als Kohlpflanze angesehen wird, wird er an anderer Stelle ausführlicher behandelt.

Kohlrouladen

Kohlrouladen aus Weißkohl mit Hackfleischfüllung kennt jeder. Im folgenden sind ein paar Variationsmöglichkeiten für die Füllungen aufgeführt, die sich nicht nur für Weißkohlblätter, sondern auch für Rotkohl, Chinakohl und Wirsing empfehlen. Beachten Sie, daß Chinakohl und Wirsing schneller garen als Weiß- und Rotkohl.

Kohlrouladen mit Buchweizenfüllung

100 g Buchweizenkörner
¼ l Rindsbouillon
Salz
Knoblauchpulver
1–2 gehackte Zwiebeln
4 EL geriebener Käse
1 EL Butter
1 Ei
Muskatnuß
1 kleiner Weißkohl

Von dem Weißkohl die 4 äußeren Blätter entfernen und den Rest kleinschneiden. 100 g Buchweizenkörner in ¼ l Rindsbouillon, gewürzt mit Salz, Knoblauchpulver und gehackten Zwiebeln, aufkochen und 20 Minuten ausquellen lassen. 4 EL geriebenen Käse, 1 EL Butter, 1 Ei und Muskatnuß unterrühren, ebenso den kleingeschnittenen Kohl. Weißkohlblätter damit füllen. Rouladen anbraten, mit Brühe löschen und in etwa 40 Minuten garen.
Zubereitungszeit: ca. 2 Stunden

Kohlrouladen mit Reisfüllung

150 g gekochter Naturreis
2 glasig gebratene Zwie-
beln
1 Dose Krabben
2 Eier
weißer Pfeffer
Muskatnuß
Cayennepfeffer
1 Kohlkopf (z.B. Wirsing)

Die 4 äußeren Blätter des Kohlkopfes beiseite legen und den restlichen Kohl kleinschneiden. 150 g gekochten Naturreis mit dem kleingeschnittenen Kohl, 2 glasig gebratenen Zwiebeln, 1 Dose Krabben und 2 Eiern vermengen und mit weißem Pfeffer, Muskatnuß sowie Cayennepfeffer würzen. Die Kohlblätter damit füllen. In Öl andünsten, mit Crème fraîche bestreichen und zugedeckt im eigenen Saft in etwa 20 Minuten garen.
Zubereitungszeit: 80–90 Minuten

Rouladen mit Hirse- und Austernpilzfüllung

125 g Hirse in Gemüsebrühe garen, mit 4 kleingeschnittenen Lauchzwiebeln und 200 g Austernpilzen, 100 g Frischkäse mischen und mit 1 EL Sojasoße, Pfeffer und Tabasco würzen. 4 Chinakohlblätter damit füllen. In Öl anbraten, kurz schmoren lassen. Sie können Sie auch in einer gefetteten Auflaufform in 20 Minuten bei 200 °C garen.

Zubereitungszeit: 80–90 Minuten

125 g Hirse
¼ l Gemüsebrühe
4 kleingeschnittene Lauch-
zwiebeln
200 g Austernpilze
100 g Frischkäse
1 EL Sojasoße
Pfeffer, Tabasco
4 Kohlblätter
(z.B. von Chinakohl)

Rouladen mit Gemüsefüllung

Zwiebel, geraspelte Möhre, Sellerie, gehackte Petersilie, Majoran und Liebstöckelblätter – alles gedünstet in Öl – mit den zerdrückten Kartoffeln mischen. Das Ei und 2 EL Joghurt unterziehen, mit Kräutersalz und Muskatnuß kräftig würzen. Die Spitzkohlblätter oder andere Kohlblätter damit füllen. Die Kohlrouladen in heißem Öl anbraten, mit Wasser ablöschen und bei geschlossenem Deckel in etwa 30 Minuten garen.

Zubereitungszeit: 100 Minuten

1 Zwiebel
1 kleine Möhre, geraspelt
etwas Sellerie
gehackte Petersilie
Majoran und Liebstök-
kelblätter, Öl
5 noch warme, zerdrückte
Kartoffeln
1 Ei
2 EL Joghurt
Kräutersalz und Muskatnuß
4 Kohlblätter (z.B. von
Spitzkohl)

Zu vielen Rouladen paßt gut eine

Tomatensoße

250 g zerkleinerte Tomaten
etwas Tomatenmark
Bratenflüssigkeit
Salz, Muskat, Kräuter
2–3 EL Sahne oder Crème fraîche

Die zerkleinerten Tomaten mit dem Tomatenmark zur Bratenflüssigkeit geben. Mit Salz, Muskat, eventuell auch Kräutern wie Basilikum abschmecken und mit Sahne oder Crème fraîche abrunden.

Neben Kohlrouladen gibt es natürlich noch die vielfältigsten Zubereitungsmöglichkeiten für Kohlgerichte.

Orientalisches Blumenkohlgemüse

1 Blumenkohl
800 g Tomaten
1 Zwiebel
1 Knoblauchzehe
3 EL Öl
1 TL Kreuzkümmel
1–2 TL scharfer Curry
2 TL süßer Paprika
Meersalz, schwarzer Pfeffer
1/8 l Gemüsebrühe
1 Bund Koriander
(notfalls Petersilie)
150 g Joghurt

Blumenkohl waschen, in Röschen teilen. Tomaten häuten, 3 Stück beiseite legen, die übrigen entkernen und würfeln. Zwiebeln und Knoblauch feinhacken und in Öl glasig dünsten. Blumenkohl zufügen und unter Rühren mitbraten. Gewürze darüberstreuen, Gemüse darin wenden. Tomatenwürfel und Brühe zugeben. Zugedeckt 15–20 Minuten dünsten. Die übrigen Tomaten achteln, zum Schluß unterheben. Gemüse abschmecken und mit Koriander bestreut servieren. Joghurt extra reichen. Dazu Reis.

Zubereitungszeit: 45 Minuten

Panierter Blumenkohl

Blumenkohl in Röschen brechen und in Salzwasser knapp gar kochen. 3 Teller bereitstellen. Den ersten Teller mit Mehl, den zweiten mit verquirlten Eiern und Gewürzen, den dritten mit Schrot oder Bröseln und Käse füllen. Röschen darin nacheinander panieren und in Butter goldbraun braten. Dazu paßt sehr gut eine Tomatensoße. Dafür Zwiebel in Butter glasig dünsten, Mehl dazugeben, dann Tomatenmark. Mit Brühe ablöschen, mit Salz und Muskat abschmecken und mit Sahne verfeinern.

Zubereitungszeit: 55 Minuten

1 Blumenkohl
Kräutersalz
für die Panade:
100 g Weizenmehl
2 Eier, Kräutersalz, Muskat
75 g feiner Vollkornweizenschrot
50 g geriebener Käse
100 g Butter
für die Tomatensoße:
1 Zwiebel
2 EL Mehl
2 EL Tomatenmark
½ l Brühe
Salz, Muskat
2–3 EL Sahne

Brokkolisalat

Brokkoli in kleine Röschen teilen und in der Gemüsebrühe zugedeckt 5–10 Minuten dünsten. Herausnehmen und abkühlen lassen (der Brokkoli kann für diesen Salat auch roh verwendet werden). Frühlingszwiebeln in hauchdünne Streifen schneiden, Joghurt, Crème fraîche, Obstessig, Zitronensaft, etwas Honig verrühren und kräftig würzen. Brokkoli vorsichtig mit dem Dressing vermischen, mit Ei und Schnittlauch bestreuen. Zuletzt mit etwas Ingwer würzen. Brokkoli kann auch durch Blumenkohl ergänzt oder ersetzt werden.

Zubereitungszeit: 30 Minuten

750 g Brokkoli
300 ml Gemüsebrühe
½ Bund Frühlingszwiebeln
150 g Joghurt
75 g Crème fraîche
2 EL Obstessig
Saft von ½ Zitrone,
Honig,
1 TL Curry,
Meersalz, Pfeffer,
1 hartgekochtes, feingehacktes Ei
1 Bund Schnittlauch
frisch geriebener Ingwer

Brokkoli-Käsesuppe

500 g Brokkoli
½ l Gemüsebrühe
¼ l Milch
70 g geriebener Käse
Meersalz, Pfeffer, Muskat

Brokkoli in Röschen teilen, in kochendem Salzwasser kurz blanchieren, abtropfen lassen. Brühe mit Milch aufkochen, Käse unterrühren und darin schmelzen. Brokkoli einlegen und würzen. Kurz ziehen lassen.

Zubereitungszeit: 25 Minuten

Sizilianischer Brokkoliauflauf

750 g Brokkoli
Meersalz, schwarzer Pfeffer
500 g Fleischtomaten, gehäutet
250 g Zwiebeln
3 Knoblauchzehen
1 Bund Basilikum
je ½ TL Oregano u. Rosmarin
1 TL Thymian
50 g schwarze Oliven
100 g Mozzarellakäse
2 EL Olivenöl
100 g Crème fraîche
etwas Honig
1 EL Rotweinessig
100 g Parmesankäse
Butter

Brokkoliröschen von den Stielen entfernen. Stiele kleinschneiden, 5 Minuten in Salzwasser kochen lassen, dann die Röschen zufügen und weitere 3 Minuten kochen lassen. Tomaten in Stücke schneiden. Zwiebeln und Knoblauch schälen und fein würfeln. Basilikum kleinschneiden. Oliven entsteinen. Mozzarella abtropfen lassen und würfeln. Zwiebeln und Knoblauch in Öl glasig dünsten, Tomaten, Pfeffer und Salz zugeben und alles 20 Minuten leise köcheln lassen. Basilikum und andere Kräuter, Mozzarella, Oliven und Crème fraîche untermischen. Mit Honig und Essig abschmecken. Schichtweise Tomatenmasse und abgetropften Brokkoli in eine gefettete Form füllen. Parmesan darüberstreuen. Butterflöckchen daraufsetzen. Bei 200 °C 20 Minuten überbacken.

Zubereitungszeit: 75 Minuten

Chinakohl-Eiersalat

Chinakohl in Streifen schneiden, in der Gemüsebrühe kurz aufkochen und abtropfen lassen. 4 EL warme Brühe mit Frischkäse, Mayonnaise und Meerrettich verrühren. Mit Salz, Honig und Essig abschmecken. Kohlstreifen mit der Salatsoße und den grob gewürfelten Eiern mischen. Zugedeckt 10 Minuten ziehen lassen.

Zubereitungszeit: 25 Minuten

500 g Chinakohl
½ l Gemüsebrühe
50 g Frischkäse
2 EL Mayonnaise
1 EL geriebener Meerrettich
Meersalz, Honig, Essig
4 hartgekochte Eier

Chinakohl-Lammfleisch-Eintopf

Lammfleisch in Öl scharf anbraten. Zwiebeln zugeben und goldgelb werden lassen. 10 Minuten bei schwacher Hitze schmoren. Brühe angießen und Möhren in Scheiben zugeben. Würzen, 30 Minuten schmoren lassen. Chinakohl in Streifen zugeben. Weißwein angießen. 15 Minuten garen. In den letzten 5 Minuten Tomatenachtel zugeben und mit Butter verfeinern. Abschmecken.

Zubereitungszeit: 65 Minuten

600 g gewürfeltes Lammfleisch aus der Schulter
2 EL Öl
2 gehackte Zwiebeln
¼ l Fleischbrühe
2 Möhren
Meersalz, Pfeffer
750 g Chinakohl
1 Glas Weißwein
Tomaten, gehäutet
Butter

Grünkohlsalat

Gemüse putzen und waschen. Grünkohl in kleine Stücke hacken, Möhren und Sellerie fein raspeln. Mit der Sahne und dem Kräutersalz gut vermischen.

Zubereitungszeit: 15 Minuten

Zarte Grünkohlspitzen
einige Möhren
1 Sellerieknolle
Sahne
Kräutersalz

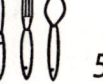

53

Grünkohlgemüse

1½ kg frischer Grünkohl
2 Zwiebeln
¼ Knolle Sellerie
100 g Butter
½ l Gemüsebrühe
Kräutersalz, Koriander,
etwas Muskat, Liebstöckel
geriebener Käse

Grünkohlblätter von den Stengeln streifen und gründlich waschen. Mit kochendem Wasser überbrühen, abtropfen lassen und kleinhacken. Kleingeschnittene Zwiebeln in zerlassener Butter glasig dünsten. Kleingeschnittenen Sellerie, Kräuter und Gewürze zugeben. Dann den Grünkohl zufügen und alles mit Gemüsebrühe übergießen. Bei geschlossenem Deckel etwa 30 Minuten dünsten, eventuell noch Wasser zugießen. Mit Kräutersalz nachwürzen und Käse unterrühren. Nochmals kurz aufkochen.

Zubereitungszeit: 60 Minuten

Gratinierter Rosenkohl

500 g Rosenkohl
Meersalz
2 EL Butter
1 gehackte Zwiebel
200 g Pilze
Pfeffer, Muskat, gemahlener Ingwer
1 Bund Basilikum
100 g Mozzarella

Rosenkohl in etwa 8 Minuten in Salzwasser garen. Butter in einer Auflaufform erhitzen und die Zwiebel darin glasig dünsten. Pilze zugeben und kurz mitdünsten. Rosenkohl zugeben. Gemüse kräftig würzen. Das kleingeschnittene Basilikum unterheben. Mozzarella in feine Scheiben schneiden, darüberlegen und im Backofen (200 °C) so lange überbacken, bis der Käse anfängt zu schmelzen.

Zubereitungszeit: 45 Minuten

Rosenkohl-Rohkost

2 zerdrückte Pellkartoffeln mit 2 EL Zitronensaft, Kräutersalz, 5 EL Öl verrühren und mit 2 Handvoll feingeschnittenem Rosenkohl vermengen.

Zubereitungszeit: 20 Minuten

Rosenkohl-Omelett

eine leckere Vorspeise

Rosenkohl putzen, die Schnittflächen mit einem Messer kreuzweise einritzen. 2 EL Butter in einer großen Pfanne zerlassen. Gepreßten Knoblauch hineingeben. Sofort den Rosenkohl zugeben und kurz anschwitzen, danach würzen, ½ Tasse Wasser angießen und 15 Minuten zugedeckt dünsten. Deckel abnehmen und Flüssigkeit völlig verdampfen lassen. Übrige Butter darin schmelzen. Eier mit Speisestärke, Crème fraîche und Gewürzen verquirlen und hinzugießen. Nur anfangs leicht rühren, dann zugedeckt stocken lassen. Mit etwas Paprika bestreuen und sofort servieren.

500 g Rosenkohl
3 EL Butter
1 Knoblauchzehe
1 TL gemahlener Kardamom
Meersalz, schwarzer Pfeffer
4 Eier
1 EL Speisestärke
2 EL Crème fraîche
Rosenpaprika, scharf

Zubereitungszeit: 45 Minuten

Rotkohl-Torteletts

80 g Weizenvollkornmehl
60 g Butter
1 Eigelb
Meersalz
½ kleiner Rotkohl
2 EL Essig
2 EL gemahlene Mandeln
2 kleine Eier
100 g Sahne
¼ TL gemahlene Nelken
Meersalz
weißer Pfeffer

Mehl mit Butter, Eigelb und Salz schnell verkneten. 1 Stunde zugedeckt kalt stellen. Auf einer bemehlten Arbeitsfläche dünn ausrollen und 4 gefettete, mit Mehl ausgestäubte Tortelettförmchen damit auslegen. 10 Minuten bei 225 °C vorbacken. Rotkohl putzen, waschen und in feine Streifen schneiden. In kochendem Essig, Salz, Wasser 3 Minuten blanchieren und abtropfen lassen. Mandeln in die Förmchen geben, darauf den Rotkohl. Eier mit Sahne, Nelken, Salz und Pfeffer verquirlen, darübergießen und in weiteren 20 Minuten fertigbacken.

Zubereitungszeit: 60 Minuten
Teig 1 Stunde kalt stellen

Kohlpoularde

1 Poularde, ca. 1,2 kg
Meersalz, schwarzer Pfeffer, Paprika edelsüß
1 kleiner Weißkohl (600 g)
1 kleiner Rotkohl (600 g)
1 l Hühnerbrühe
1 EL Wacholderbeeren

Poularde waschen, trockentupfen, in 8 Teile zerlegen und würzen. Kohl in Achtel schneiden. Die harten Strünke keilförmig herausschneiden, so daß die Achtel nicht zusammenhängen. Den Kohl und die Poulardenteile auf der Fettpfanne des Backofens verteilen. Brühe mit Salz und Pfeffer kräftig würzen, die zerdrückten Wacholderbeeren hinzugeben und alles über das Gemüse geben. Bei 200 °C etwa 45 Minuten garen. Den Kohl zwischendurch häufig in der Brühe wenden.

Zubereitungszeit: 70 Minuten

Wirsinglasagne

Lasagne in Salzwasser kochen und abtropfen lassen. Den Wirsing in Streifen schneiden und 3 Minuten in Salzwasser kochen. Brühwürfel in ¼ Liter Milch und ¼ Liter Kochbrühe auflösen, Weizen unter Rühren zugeben. Abschmecken. Ein Drittel der Soße zur Seite stellen. Restliche Soße mit Kohl und Frischkäse vermischen. Tomaten in Scheiben schneiden und würzen. Schafskäse würfeln. Eine feuerfeste Form einfetten. Abwechselnd Nudeln, Kohl-Frischkäse-Masse und Tomaten mit Schafskäse einschichten. Die letzte Schicht sollte aus Nudeln bestehen. Restliche Soße darübergießen. Auf der untersten Schiene in den kalten Backofen schieben. Bei 200 °C etwa 45 Minuten backen.
Zubereitungszeit: 90 Minuten

250 g Lasagne
ca. 750 g Wirsing
1 TL Meersalz
½ l Wasser
1 Gemüsebrühwürfel
¼ l Milch
2 EL gemahlener Weizen
1 TL Kräutersalz
Pfeffer
1 TL Kümmel
100 g Frischkäse
350 g Tomaten
Kräutersalz, Pfeffer,
Oregano
150 g Schafskäse

Wirsing pikant eingelegt

Eine köstliche ägyptische Beilage zu gekochtem Fleisch oder Fisch. Sie ist einige Zeit im Kühlschrank haltbar.

Wirsingblätter vom Strunk lösen, kurz in Salzwasser blanchieren, das mit ein paar Eßlöffeln Essig versetzt ist. Blätter in Streifen schneiden und in ein Glasgefäß schichten. Jede Lage mit feingehacktem Knoblauch bestreuen. Zum Schluß Kreuzkümmel darübergeben. Restlichen Essig mit einem Glas Wasser und etwas Salz aufkochen. Abkühlen lassen, lauwarm über den Wirsing gießen und das Glas verschließen.
Zubereitungszeit: 30 Minuten

1 Wirsing
½ Glas Essig
4 Knoblauchzehen
1 TL Kreuzkümmelsamen
1 Prise Meersalz

Sauerkraut

10 kg Weißkohl (oder Rot-
kohl bzw. Wirsing)
50 g Meersalz
5 Lorbeerblätter
20 Wacholderbeeren
2 saure Äpfel
eventuell Kümmel, Kori-
ander, Senfkörner, Dill,
nach Geschmack auch
ganze Knoblauchzehen,
Schalotten und/oder
Meerrettichblätter

Kohlmenge entsprechend dem Fassungsvermögen des
Topfes; Volumen des Topfes : Kohl = 4 : 3, d.h. bei einem
10-Liter-Topf 7,5 kg Kohl

Kohl waschen, vierteln und Strunk herausschneiden. Möglichst fein hobeln. Salz und andere Zutaten daruntermischen. In den Gärtopf füllen und gut stampfen, bis reichlich Saft austritt. Der Topf sollte zu Dreiviertel voll sein, und der Kohl muß immer mit Salz bedeckt sein, sonst Salzwasser nachfüllen. Deckel auflegen oder Topf mit Steinen beschweren. Die Wasserrinne des Topfes mit Wasser füllen und diesen an einer Wärmequelle 3–4 Wochen stehenlassen, bis Gase austreten. Dann an einem kühlen Ort weitere 3–4 Wochen stehenlassen. Nach 6–8 Wochen ist das Sauerkraut fertig.

Vorsicht: Bei Entnahme des Krautes darf kein Saft und kein Kraut in die Wasserrinne fallen.

Zubereitungszeit: 60 Minuten
6–8 Wochen einlegen

Kohlrabi – vom Herzblatt bis zur Knolle ein kalorienarmer, vitaminreicher Genuß

Produkt- und Qualitätsmerkmale

Kohlrabi ist das Knollengemüse mit dem höchsten Vitamin-C-Gehalt. Aber auch andere Vitamine, insbesondere Niacin (ein Vitamin des B_2-Komplexes), und Mineralstoffe sind reichlich enthalten, wobei der Anteil dieser Stoffe in den Blättern besonders hoch ist. Kohlrabi sollten Sie deshalb immer mit dem Laub kaufen. Das Aussehen der Blätter gibt zudem Auskunft über den Frischegrad der Knollen.

Es gibt verschiedene Kohlrabisorten, die sich hinsichtlich Schalenfarbe und Reifezeit unterscheiden. Die weißen (zartgrünen) wachsen in der Regel schneller als die blauvioletten Knollen. Beide Sorten sollten nicht zu spät geerntet und möglichst frisch verbraucht werden, damit die Knollen nicht holzig werden. Im Gemüsefach Kohlrabi nicht viel länger als 2 Tage lagern; vorher das Blattgrün abschneiden. Beide Sorten schmecken im Prinzip gleich, Geschmacksunterschiede ergeben sich jedoch durch die Art des Anbaus. Kohlrabi aus Treibhäusern, der bereits ab Februar/März im Angebot ist, schmeckt zarter und milder, während die Freilandsorten (ab Mai erhältlich) würziger und deftiger sind. Beim Einkauf sollten Sie Freilandsorten bevorzugen, möglichst aus dem ökologischem Anbau, da Treibhauskohlrabi deutlich weniger Vitamin C enthält und einen höheren Nitratgehalt aufweist.

Verwendung und Zubereitung

Blätter von der Knolle entfernen, aber auf keinen Fall wegwerfen. Beides kurz waschen, Knolle eventuell leicht abbürsten. Kohlrabi von der Wurzel zum Blattansatz hin schälen. Besonders in Wurzelnähe auf holzige Stellen achten und diese entfernen. Kohlrabi eignet sich sehr gut für Rohkost, und auch für die Zubereitung von Gemüsegerichten bietet er vielfältige Möglichkeiten. Junge, zarte Knollen

können als Ganzes gegart werden, ältere oder große vorher würfeln oder in Stifte schneiden.

Nicht die vitaminreichen Herzblätter vergessen: frisch und feingehackt als Würze zu Salaten geben, roh unter das gegarte Gemüse mischen oder als Suppe mit der Kohlrabikochbrühe zubereiten.

Kohlrabirohkost

2 kleine Kohlrabi
1 mittelgroßer Apfel
1 EL Zitronensaft
1 Becher Joghurt
1 EL Dill
1 EL Kerbel
1 TL Honig
Kräutersalz
50 g Rosinen

Kohlrabi waschen, schälen, die kleinen, grünen Blätter zurückbehalten. Kohlrabi und Apfel grob reiben und mit dem Zitronensaft vermengen.

Joghurt mit feingehacktem Kerbel und Dill sowie den Kohlrabiblättchen mischen und mit Honig und Kräutersalz würzen. Die Marinade mit den Rosinen unter die Rohkost heben.

Zubereitungszeit: 15 Minuten

Kohlrabisuppe mit Champignons

Kohlrabi schälen und in kleine Streifen schneiden. Butter erhitzen, feingehackte Zwiebel und Kohlrabi darin dünsten. Mit Weißwein ablöschen und mit den gehäuteten und gewürfelten Tomaten und der Gemüsebrühe auffüllen. Die Suppe zum Kochen bringen, mit den Gewürzen abschmecken und bei mittlerer Hitze zugedeckt 8–10 Minuten kochen lassen. Champignons in Scheiben schneiden und in die Suppe geben. Kresse verlesen, mit den in Scheiben geschnittenen Oliven und den Walnüssen zu der Suppe geben, nochmals aufkochen lassen, anrichten und auf jede Portion einen Eßlöffel Joghurt geben.
Zubereitungszeit: 30 Minuten

2 Kohlrabi
2 EL Butter
1 Zwiebel
1 Tasse Weißwein
4 Tomaten
3/8 l Gemüsebrühe
Meersalz, Pfeffer
je 1 TL Paprika, Curry, Oregano
200 g Champignons
1 Kästchen Kresse
50 g gefüllte Oliven
50 g gehackte Walnüsse
1 Tasse Joghurt

Kohlrabi-Eintopf süß-sauer

Kohlrabi schälen, Möhren bürsten, beides in Stücke schneiden, in kochendes Salzwasser geben und 15 Minuten garen.
Hackfleisch mit den Eiern, den gehackten Zwiebeln, dem ausgedrückten Brötchen und den Gewürzen verkneten und Bällchen daraus formen. Das Gemüse abgießen, das Kochwasser auffangen und wieder zum Kochen bringen. Die Fleischklößchen darin bei milder Hitze 5 Minuten ziehen lassen, dann in ein Sieb gießen und das Kochwasser auffangen.
Butter zerlassen, Mehl darin anschwitzen, mit dem Kochwasser auffüllen, unter Rühren kurz aufkochen lassen. Mit Essig, Weißwein, Sahne und Honig

1 kg Kohlrabi
4 Möhren
¾ l Wasser, Kräutersalz
500 g Hackfleisch
2 Eier
2 Zwiebeln
1 eingeweichtes Brötchen
Kräutersalz, Pfeffer
40 g Butter
2 EL Weizenvollkornmehl
3 EL Essig
1 Schnapsglas Weißwein
3 EL Sahne
1 TL Honig

abschmecken. Gemüse und Hackfleischbällchen zugeben.
Zubereitungszeit: 50 Minuten

Gefüllte Kohlrabi

4 große Kohlrabi
¼ l Gemüsebrühe
für die Füllung:
1 Zwiebel, fein gewürfelt
1 EL Butter
150 g tiefgefrorener (oder frischer) Spinat
2 EL Crème fraîche
150 g Kräuterfrischkäse
Meersalz, Muskat
etwas Zitronensaft
außerdem:
Butter für die Form
2 EL Semmelbrösel
30 g Butter

Kohlrabi schälen, waschen und in der Brühe etwa 25 Minuten dünsten.
Inzwischen Zwiebel in Butter glasig dünsten. Spinat und Crème fraîche zufügen und 10 Minuten weiterdünsten. Von den Kohlrabi einen Deckel abschneiden, dann aushöhlen. Spinatmasse mit den restlichen Zutaten für die Füllung verrühren, das Ausgehöhlte feingehackt untermischen. Die Kohlrabi damit füllen, Deckel wieder aufsetzen. In eine gefettete Form geben und mit in Butter gebräunten Semmelbröseln bestreuen. Bei 200 °C 15 Minuten backen.
Zubereitungszeit: 60 Minuten

Kohlrabi-Möhren-Gratin

4 kleine Kohlrabi
500 g Möhren
Butter für die Form
1 Becher Sahne
1 Ei
2 EL Weizenschrot
100 g Schafskäse
1 TL gemahlener Kümmel
½ TL weißer Pfeffer
1 TL Meersalz

Kohlrabi schälen, vierteln und in dünne Scheiben, das zarte Grün streifig schneiden. Möhren gut bürsten und ebenfalls in Scheiben schneiden. In eine gut gefettete Auflaufform geben. Die Sahne mit dem Ei verquirlen und das Weizenschrot untermengen. Den Schafskäse sehr fein bröckeln und mit den Gewürzen ebenfalls unter die Sahne mischen. Das Gemüse mit der Sahne übergießen und im Backofen bei 200 °C auf der mittleren Schiene in 45 Minuten überbacken.
Zubereitungszeit: 65 Minuten

Stielmus – das feinsäuerliche Vollwertgemüse

Produkt- und Qualitätsmerkmale

Stielmus, auch »Rübstiel« genannt, ist eine Stengelgemüseart, die vor allem in Nordrhein-Westfalen sehr geschätzt wird. Leider ist Stielmus nicht weiter verbreitet, denn es ist ein wirklich köstliches Frühlingsgemüse. Die Blattstiele werden im zeitigen Frühjahr bis Ende Mai bundweise angeboten, im Winter werden sie in Gewächshäusern angebaut. Da der Arbeitsaufwand bei der Ernte relativ groß ist, ist Stielmus nicht ganz billig. Es enthält zahlreiche Vitamine und Mineralstoffe und hat einen feinen, säuerlichen Geschmack.

Verwendung und Zubereitung

Die Zubereitung ist ähnlich wie die von Wirsing oder Spinat. Allerdings werden erst die kleingeschnittenen Stiele etwas vorgegart und dann die Blätter zugegeben. Für 4 Personen benötigen Sie etwa 750 g. Als Rohkost wird Stielmus wie Kopfsalat angemacht.

Stielmussalat mit Käsesahne

Grobe Blätter entfernen, grob zerkleinern. Gemüse sorgfältig mischen. Die Zutaten für die Soße verrühren und kurz vor dem Servieren mit dem Stielmus vermengen.

Zubereitungszeit: 15 Minuten

500 g Stielmus
5 Tomaten, in Achtel geschnitten
2 Zwiebeln, in Scheiben
für die Soße:
150 g Crème fraîche
50 g alter, geriebener Gouda (ersatzweise Parmesan) Salz, Muskatnuß, Pfeffer

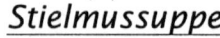

Stielmussuppe

1 kg Kartoffeln
500 g Porree
1 l Gemüsebrühe
250 g Stielmus
1 Becher Sahne
gehackte Petersilie
geriebener Parmesan

Kartoffeln abbürsten und mit Schale kleinhacken. Porree in Ringe schneiden. Beides in der Gemüsebrühe gar kochen und pürieren. Suppe mit dem fein zerkleinerten Stielmus 10 Minuten leise köcheln lassen. Sahne einrühren, mit Petersilie bestreuen. Dazu Parmesan reichen.

Zubereitungszeit: 35 Minuten

Stielmus mit Kartoffelbrei

150 g Kartoffeln
100 ml Milch
10 g Butter
Pfeffer, Meersalz, Muskat
400 g Stielmus

Kartoffeln schälen und gar kochen. Mit Milch, etwas Kochwasser und Butter zu einem Brei verrühren und abschmecken. Stielmus waschen, kleinschneiden, mit dem Kartoffelbrei vermengen und gut durchwärmen lassen.

Zubereitungszeit: 35 Minuten

Fruchtgemüse

Auberginen – die südländische Eierfrucht

Produkt- und Qualitätsmerkmale

Auberginen sind 10–20 cm lange Früchte mit glatter, glänzender, schwarz-violetter Haut und weißem Fruchtfleisch. Sie haben bei uns im August und September ihre Saison. Obwohl sie recht trocken erscheinen, haben sie einen hohen Wassergehalt. Sie enthalten – wenn auch nur in geringen Mengen – fast alle Vitamine und Mineralstoffe, selbst Ballaststoffe. In unreifen Früchten findet sich das giftige Solanin, darum sollte man sie nachreifen lassen. Bei reifen Früchten gibt die Schale auf Druck leicht nach.

Verwendung und Zubereitung

Stielansatz entfernen. Auberginen waschen, möglichst nicht schälen (in der Schale stecken die meisten Vitamine und Aromastoffe). Wer es trotzdem möchte, gibt die Auberginen am besten 1–2 Minuten in heißes Wasser, dann läßt sich die Haut leicht abziehen. Auberginen enthalten Bitterstoffe. Diese können Sie entfernen, indem Sie die Früchte vor der Zubereitung mit Salz bestreuen und mit Zitronensaft beträufeln, 15 Minuten stehenlassen und den entstandenen Saft weggießen. Die Auberginen werden dadurch auch entwässert und eignen sich anschließend besser zum Braten. Auberginen kann man auch roh verzehren. Da sie aber nur einen geringen Eigengeschmack haben, schmecken sie besser gefüllt, gedünstet oder gegrillt, in Scheiben gebraten, als Mischgemüse mit Tomaten, Paprika u. a., gekocht oder als Püree – unter Zugabe von Gewürzen ergeben sie auf jeden Fall ein schmackhaftes Gemüsegericht. Auberginen nicht zu kalt lagern, also nicht im Kühlschrank aufbewahren. Wenn sie bei einer Temperatur von unter + 5 °C gelagert werden, bekommen sie möglicherweise Flecken.

Gefüllte Auberginen

2 Auberginen
1 TL Meersalz
1 TL zerriebener Salbei
2 EL Olivenöl
500 g Flaschentomaten
3 Zwiebeln
2 Knoblauchzehen
12 Sardellenröllchen
1 EL gehackte Petersilie

Auberginen waschen, der Länge nach halbieren, das Innere etwas ausschaben. Die Hälften mit Salz und zerriebenem Salbei bestreuen und mit 1 EL Öl beträufeln. Tomaten häuten, vierteln. Zwiebeln schälen, in Ringe schneiden, Knoblauch fein würfeln. Das übrige Öl erhitzen, Zwiebeln und Knoblauch glasig dünsten, Tomaten mit dem ausgehöhlten Auberginenfleisch zufügen und 5 Minuten mitdünsten. Gemüsemischung leicht salzen und die Auberginen damit füllen. Auf ein geöltes Backblech setzen und bei 200 °C auf der mittleren Schiene 30 Minuten überbacken. Sardellenröllchen darauf kurz erhitzen. Petersilie darüberstreuen.

Zubereitungszeit: 60 Minuten

Die Füllung kann je nach Geschmack auf die vielfältigste Art und Weise abgewandelt oder durch eine der folgenden ersetzt werden:

Getreidefüllung

Ausgehöhltes Fleisch von
2 Auberginen
2 Zwiebeln
150 g Getreide (gegart)
4 EL geriebener Käse
Salz

Auberginenfleisch mit gehackten Zwiebeln in Öl anbraten. Gar gekochtes Getreide zufügen. Geriebenen Käse untermengen, mit Salz würzen. Etwa 25 Minuten überbacken.

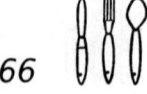

Thunfischfüllung

Zwiebeln, Tomaten und Paprikaschote (jeweils gewürfelt), Thunfisch, Senf, Crème fraîche, geriebenen Käse, gemischte Kräuter und ausgehöhltes Auberginenfleisch vermischen und kräftig mit Salz und Pfeffer würzen. Etwa 25 Minuten überbacken.

2 Zwiebeln
4 Tomaten
1 Paprikaschote
2 Dosen Thunfisch
4 EL Senf
5 EL Crème fraîche
100 g geriebener Käse
2 EL gemischte Kräuter
Auberginenfleisch

Pikante Schinken-Reis-Füllung

Ausgehöhltes Fruchtfleisch mit Zwiebel, Schinkenspeck und Tomaten (alles gewürfelt) mischen. Auberginenhälften füllen und 15 Minuten bei 200 °C überbacken. Dann 4 Scheiben Chesterkäse darüberlegen und so lange überbacken, bis dieser schmilzt.

Auberginenfleisch
1 Zwiebel
150 g Schinkenspeck
2 Tomaten
4 Scheiben Chesterkäse

Griechische Auberginencreme

Auberginen etwa 40 Minuten bei mäßiger Hitze im Backofen garen. Mit einem Löffel aushöhlen und das Fleisch in einen Mörser geben, zerdrückten Knoblauch, Oregano sowie Salz und Pfeffer zugeben. Tomate häuten, halbieren, Kerne entfernen und mit Salz bestreuen. Einige Minuten stehen lassen, damit der Saft abläuft, dann in den Mörser geben. Das Ganze mit einem Holzlöffel zu einer dickflüssigen Paste zerreiben, dabei nach und nach das Öl in einem dünnen Strahl zugießen und unterrühren.
Zubereitungszeit: 55 Minuten

2 Auberginen
2 Knoblauchzehen
1 Handvoll Oregano-blättchen
1 reife Tomate
100 ml Olivenöl
Meersalz, Pfeffer

Auberginen-Omelett

2 Auberginen, in Würfel
von ca. 2 cm Kantenlänge
geschnitten
400 g Champignons,
grob gehackt
2 Zwiebeln, gehackt
1 Knoblauchzehe, gepreßt
3 EL Olivenöl
1 EL Wasser
1–2 TL Vollkornmehl
Meersalz, Pfeffer
je ½ TL Kreuzkümmel u.
Koriander, gemahlen
4 Eier
4 EL Crème fraîche
1 Bund feingehackte
Petersilie
Paprikapulver

Auberginen in stark gesalzenem Wasser 10 Minuten kochen, abtropfen lassen. Champignons, Zwiebeln, Knoblauchzehe, Öl und Wasser 5 Minuten zugedeckt dünsten, dann mit Mehl binden. Gewürze und Auberginen zu den Champignons geben, vermischen. Eier mit Crème fraîche und Petersilie verquirlt über das Gemüse gießen, bei milder Hitze und ohne Rühren stocken lassen. Dick mit Paprika bestreuen. Dazu Reis.

Zubereitungszeit: 40 Minuten

Auberginen-Mussaka

2 Auberginen
Öl, 50 g Butter
3 EL Mehl, ½ l Milch
1 Zwiebel, feingehackt
400 g Lammhackfleisch
1 Handvoll frische Orega-
noblättchen
1 Tomate, gehäutet und
gewürfelt
6 EL Semmelbrösel
Meersalz, Pfeffer

Auberginen in nicht zu dünne Scheiben schneiden und in heißem Öl ausbacken. Auf Küchenkrepp gut abtropfen lassen. Mit Salz bestreuen. Aus Butter, Mehl und Milch eine dickflüssige Béchamelsoße zubereiten und würzen. Zwiebel in Butter glasig dünsten. Fleisch zufügen und 5 Minuten mitbraten. Oregano, Tomate zufügen. Bei geringer Hitze 35 Minuten schmoren lassen, eventuell etwas Wasser zufügen. Würzen. Eine Auflaufform mit Semmelbröseln ausstreuen, schichtweise mit Auberginen und Hackfleischmasse füllen. Die oberste Schicht besteht aus Auberginen. Béchamelsoße darübergießen und mit den restlichen Semmelbröseln be-

streuen. Etwa 40 Minuten bei 200 °C im Backofen überbacken.

Zubereitungszeit: 120 Minuten

Gurken – die langen Schlanken

Produkt- und Qualitätsmerkmale

Ihr hoher Wassergehalt macht Gurken zur kalorienärmsten Gemüseart. Man unterscheidet lange, dunkelgrüne Salatgurken, kleinere, rundliche Freilandgurken und kleine Einlege- und Senfgurken. Gurken werden bei uns das ganze Jahr über angeboten, wobei große Mengen aus Unterglasanbau stammen. Bei diesen Gurken ist Vorsicht geboten, da mit Rückständen von Pestiziden gerechnet werden muß. Gerade wegen der geringen Lagerfähigkeit werden Gurken oft noch kurz vor der Ernte gespritzt. Deshalb sollten Sie auf Gurken aus dem Freilandanbau zwischen Juni und Oktober zurückgreifen, möglichst aus dem ökologischen Anbau. Treibhausgurken sollten auf jeden Fall vor dem Verzehr geschält werden.

Verwendung und Zubereitung

Um eventuelle Bitterstoffe, gerade aus den Freilandgurken, zu entfernen, Gurken von der Blüte (Spitze) bis zum Stiel (Hals) schälen. Probieren, ob sie bitter sind, und dann soviel abschneiden, bis der Geschmack einwandfrei ist. Gurken erst kurz vor dem Verzehr zerkleinern, denn sie ziehen sehr schnell Saft, besonders bei Salzzugabe. Gurkenwasser niemals weggießen, sondern mitverzehren. Der besseren Bekömmlichkeit halber sollte man Gurkensalat nicht mit Öl, sondern mit Sahne und/oder Joghurt zubereiten. Gurken sind vielseitig zu verwenden, z.B. für erfrischende, kalte Gerichte, vor allem Rohkost, aber auch als warme Hauptmahlzeit.

Indischer Gurkensalat

1 Salatgurke
1 kleiner, roher Blumen-
kohl
für die Soße:
1 Msp. Curry
1 EL Ananassaft
1/8 l Joghurt
2 EL Öl
Kräutersalz
1 Apfel, fein gewürfelt
1 Scheibe Ananas, fein ge-
würfelt
Selleriegrün, fein ge-
schnitten
Erdnüsse, grob gehackt

Gurke in Scheiben schneiden, Blumenkohl in kleine Röschen teilen und beides mischen. Die Zutaten für die Soße verrühren, Apfel und Ananas untermengen, über das Gemüse gießen. Selleriegrün und Erdnüsse über den Salat streuen.

Zubereitungszeit: 20 Minuten

Gurkensuppe

1 Salatgurke
1 Zwiebel
2 Tomaten
30 g Butter
2 EL gehackte Petersilie
1 gehäufter EL Weizen-
vollkornmehl
1 l Gemüsebrühe
2 EL Schnittlauch
1 EL frischer Dill
¼ l Sahne

Gurke schälen und in Würfel von 2 cm Kantenlänge schneiden, Zwiebel feinhacken. Tomaten häuten, vierteln und entkernen. Butter zerlassen, Gemüse und Petersilie darin andünsten. Mit Mehl bestäuben, umrühren, mit Brühe ablöschen und 10 Minuten kochen lassen. Kräuter hineinstreuen, mit Sahne verrühren. Wer mag, kann einen Schuß Weinbrand zufügen.

Zubereitungszeit: 25 Minuten

Gurken mit Kräuterhirsefüllung

Gurke schälen, in fingerlange (ca. 8 cm lange) Stücke schneiden und aushöhlen. Für die Füllung die Hirse in der Brühe in etwa 15 Minuten halbgar kochen. Die Kräuter feinschneiden und mit den restlichen Zutaten gut unter die Hirse mischen. Kräftig abschmecken und die Gurken damit füllen. Das Öl erhitzen, Knoblauch hinzugeben. Gurken senkrecht in den Topf stellen, kurz anbraten. Geschälte, zerkleinerte Tomate bzw. Tomatenmark hinzufügen und mit wenig Wasser ablöschen. Zugedeckt 20 Minuten köcheln lassen.

Zubereitungszeit: 35 Minuten

2 dicke Gurken
für die Füllung:
1 Tasse Hirse
1 TL gekörnte Brühe
Wasser
je 1 Blatt Borretsch und
Kapuzinerkresse
1 Bund Dill
1–2 Eier
3 EL Sauerrahm
Kräutersalz, Pfeffer
1 EL Pinienkerne
außerdem:
3–4 EL Sonnenblumenöl
1 Knoblauchzehe, fein ge-
hackt
1 Tomate/ Tomatenmark

Gurkengemüse, gedünstet

Zwiebeln, Petersilie, Knoblauch, Porree und kleingeschnittene Tomaten in Fett leicht andünsten. Gurken schälen, in fingerlange Stücke schneiden, zum Gemüse geben und mit dem entstandenen Tomatensaft vermengen. Bei kleinster Hitze gar schmoren lassen, bis die Gurken weich sind. Abschmecken und mit Kräutern bestreuen. Dann nochmals durchziehen lassen. Eventuell eine Tasse Gemüsebrühe zugießen. Dazu ein Kartoffelgericht, Hirse oder Teigwaren reichen.

Zubereitungszeit: 30 Minuten

3 EL Pflanzenfett
2 Zwiebeln, in Würfel ge-
schnitten
Petersilie, gehackt
1 Knoblauchzehe
2 Porreestangen, in Ringe
geschnitten
2 Tomaten, gehäutet
750 g Gurken
gemischte Kräuter, fein
gewiegt,
Kräutersalz
evtl. 1 Tasse Gemüsebrühe

Hülsenfrüchte – die »Eiweißreichen« unter den Gemüsearten

Produkt- und Qualitätsmerkmale

Die wichtigsten Hülsenfrüchte sind Erbsen, Bohnen und Linsen, weltweite Bedeutung haben vor allem die Sojabohnen. Hülsenfrüchte sind bedeutende Eiweißlieferanten, besonders für Menschen in der sogenannten dritten Welt. In den Kriegsjahren zählten sie auch in Deutschland zu den Grundnahrungsmitteln. Bei uns sind Gerichte aus Hülsenfrüchten heute nicht mehr so üblich, besonders solche aus getrockneten Früchten, die über Nacht eingeweicht werden müssen.

Dabei haben Hülsenfrüchte von allen pflanzlichen Produkten den höchsten Eiweißgehalt. In Kombination mit Getreide erhöht sich die Verwertbarkeit des Proteins so stark, daß auf Fleisch verzichtet oder zumindest die Fleischportion verringert werden kann. Neben Eiweiß finden sich in Hülsenfrüchten auch beachtliche Mengen an Ballaststoffen sowie Mineralstoffe (vor allem Phosphor und Eisen) und Vitamine, besonders B_1 und B_2. Manche Hülsenfrüchte enthalten im rohen Zustand Giftstoffe, z.B. enzymhemmende Proteine, die durch den Garprozeß zerstört werden. Zum Teil sind auch vitaminhemmende Stoffe enthalten, die die Wirksamkeit von Karotin und Vitamin D herabsetzen. Bohnen und Erbsen enthalten einen Vitamin-E-hemmenden Stoff. Eine einseitige Ernährung kann daher zu Vitamin-Mangelerscheinungen führen. Nach einseitigem Sojabohnenverzehr sind in Asien Schilddrüsenvergrößerungen (Kropf) aufgetreten, und der übermäßige Genuß von Kichererbsen sowie verschiedener Bohnenarten kann eine Nervenkrankheit namens Lathyrismus hervorrufen. Wer viel davon ißt, sollte vorsichtshalber das Einweich- bzw. Kochwasser nicht mitverwenden.

Durch die langwierige Zubereitung von getrockneten Hülsenfrüchten ist ein Verlust wertvoller Bestandteile nicht zu verhindern, so daß es sich empfiehlt, die Sprossen selbst zu ziehen. Durch den Keimungsprozeß werden die Inhaltsstoffe

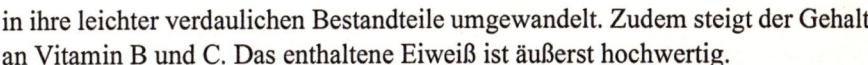

in ihre leichter verdaulichen Bestandteile umgewandelt. Zudem steigt der Gehalt an Vitamin B und C. Das enthaltene Eiweiß ist äußerst hochwertig.

Das Selbstziehen von Sprossen ist relativ einfach. Es lohnt sich, eine Keimbox bzw. Keimtürme anzuschaffen, aber auch mit Hilfe eines Einmachglases und etwas Fliegengaze funktioniert es. Hülsenfrüchte waschen und über Nacht quellen lassen. Nichtgequollene Samen vorsichtshalber wegwerfen. Hülsenfrüchte ins Glas geben, mit Fliegengaze bedecken und mit einem Gummiring verschließen. Glas bei Zimmertemperatur schräg mit der Öffnung nach unten aufstellen, so daß die Samen abtropfen können und genug Sauerstoff bekommen. Samen 2–3mal täglich mit handwarmem Wasser durch die Gaze nachspülen. Einige Minuten wässern, dann abgießen und Glas wieder wie oben beschrieben aufstellen. Nach etwa 1 Woche werden sie ein letztes Mal unter fließendem Wasser gewaschen. Die meisten Sprossen (allerdings nicht Mungobohnen und Linsen) enthalten das giftige Phasin, weshalb sie vor dem Verzehr ca. 10 Minuten schonend gedünstet werden.

Vor- und Zubereitung

Getrocknete Bohnen und Erbsen werden über Nacht eingeweicht, bei Linsen reichen 2 Stunden aus.

Für 300 g Hülsenfrüchte nimmt man 1–1½ Liter Wasser (d.h. Hülsenfrüchte und Wasser im Verhältnis von ungefähr 1 : 4). Das Einweichwasser weggießen und die gequollenen Hülsenfrüchte in Wasser garen.

Kochzeiten

(in Klammern: Zeiten für Schnellkochtopf)

Erbsen und kleine Bohnen	*etwa 1½ Std.*	*(20 Minuten)*
größere Bohnen	*etwa 2 Std.*	*(30 Minuten)*
Sojabohnen	*etwa 3 Std.*	*(40–50 Minuten)*
Linsen	*etwa 30 Min.*	*(10 Minuten)*

Hülsenfrüchte erst nach dem Garen salzen bzw. mit Essig oder Zitronensaft versetzen, sonst werden sie nicht weich genug.

Erbsen

Man unterscheidet Palerbsen, Markerbsen und Zuckererbsen. In den Palerbsen, die leicht mehlig schmecken, sind die Kohlenhydrate in Form von Stärke gespeichert, in den Markerbsen dagegen in Form von Zuckerverbindungen, weshalb sie einen süßlichen Geschmack aufweisen. Von den Pal- und Markerbsen wird das junge Erbsenkorn verzehrt, bei der Zuckererbse dagegen die gesamte Hülse samt Korn. Für Trockenspeiseerbsen werden die vollreifen grünen und gelben Erbsen verwendet. Frische Erbsen werden nur zwischen Juli und September angeboten, und aufgrund der aufwendigen Ernte ist ihr Preis recht hoch. Da Erbsen kaum lagerfähig sind, werden über 90 Prozent zu Konservenware, Püree, Mehl oder Trockenerbsen verarbeitet. Konservenerbsen weisen Vitaminverluste von etwa 50 Prozent auf. Zudem sind sie sehr salzhaltig; von den Inhaltsstoffen her wertvoller sind tiefgefrorene Erbsen.

Bohnen

Roh dürfen Bohnen nicht verzehrt werden; denn die Kerne und Früchte enthalten Phasin, eine Stickstoffverbindung, die in großen Mengen giftig ist und beim Garen zerstört wird. Bohnen sind wie Erbsen wegen der aufwendigen Ernte relativ teuer, so daß die meisten Verbraucher auf Gefrier- oder Konservenware zurückgreifen. Bohnen aus heimischer Ernte sind von Juli bis Ende September erhältlich. Sie unterteilen sich farblich in grüne, blaue und gelbe (Wachs)-Bohnen, im Anbau in Busch- und Stangenbohnen. Die Samen sind weiß, bunt oder gesprenkelt. Weiße Bohnen werden am häufigsten angeboten. Sie kochen im allgemeinen weicher als bunte. Als Salatbohne findet häufig die gelbe Wachsbohne Verwendung, für Eintöpfe eignen sich Stangenbohnen (Schnibbelbohnen) und als Gemüsebeilage grüne Buschbohnen. Die leicht mehlig schmeckenden dicken Bohnen werden regional oft mit Schweinefleisch oder Speck zu einem deftigen Gericht zubereitet.

Immer beliebter in der Ökoszene wird die **Adzukibohne**, eine aus Japan importierte Pflanze mit festen, kleinen, roten Bohnen und süßlichem Geschmack, die sich auch gut zum Ziehen von Sprossen eignet. Weitere Bohnensorten sind rote Kidneybohnen, Wachtelbohnen, schwarze Bohnen und Mungobohnen.

Linsen

Der Verzehr von Linsen ist stark zurückgegangen; denn Linsengerichte gelten häufig als »Arme-Leute-Essen«. In der Vollwertkost finden sie allerdings wieder häufiger Verwendung. Linsen werden nach dem Durchmesser sortiert angeboten, wobei die kleineren geschmacklich meist am besten sind. Hauptanbauländer sind Indien und die Türkei.

Grüne Erbsen mit Zwiebeln

Äußere Blätter und Strunk vom Kopfsalat entfernen. Salat in Viertel teilen. Gut waschen, abtropfen lassen und mit Küchengarn locker zusammenbinden. Salatviertel in einen Topf legen, Erbsen und gehäutete Schalotten zufügen. Petersilienzweige ebenfalls zusammenbinden und auf das Gemüse legen. Butter in Flöckchen darauf verteilen, Wasser zugießen, Salz und Zucker darüberstreuen und alles bei milder Hitze zum Kochen bringen. Einmal vorsichtig umrühren, Topf wieder schließen und in 30 Minuten garen. Topf hin- und herschwenken. Petersilienzweige entfernen, vom Kopfsalat das Garn entfernen und das Gemüse anrichten.
Tip: Erbsenschoten sind reicher an Vital- und Aromastoffen als die Erbsen selbst. Schoten daher bei geringer Hitze auskochen und als Trinkbrühe gewürzt mit Hefeextrakt, Kräutersalz, Dill, Koriander und Butter genie-

1 kleiner Kopfsalat
400 g frisch ausgehülste Erbsen
12 Schalotten
½ Bund Petersilie
100 g Butter
½ Tasse Wasser
1 TL Kräutersalz
½ TL brauner Rohrzucker

ßen oder auf andere Weise in der Küche verwenden.

Zubereitungszeit: 45 Minuten

Überbackene dicke Bohnen

300 g getrocknete dicke Bohnen
1¼ l Wasser
1 Gemüsebrühwürfel
je 1 TL Thymian, Kümmel, Bohnenkraut
2 EL Öl
1 Zwiebel, gewürfelt
etwa 300 g Möhren, in dünnen Scheiben
1 Petersilienwurzel, in dünnen Scheiben
etwa 150 g Porree in Ringen
etwa 100 g Sellerie, gewürfelt
¼ l Gemüsebrühe
Kräutersalz, Pfeffer
Butter
2 Becher Joghurt oder saure Sahne
100 g geriebener Käse
3 EL gehackte Petersilie

Bohnen etwa 10 Stunden im Wasser einweichen. Das Einweichwasser weggießen, die Bohnen mit dem Gemüsebrühwürfel und den Gewürzen bei kleiner Hitze in etwa 60 Minuten in Wasser weich kochen. Zwiebelwürfel in Öl glasig dünsten. Das restliche Gemüse hinzufügen, mit Brühe ablöschen und bei geringer Hitze 10–15 Minuten garen. Abschmecken. Sollte noch Bohnenkochwasser vorhanden sein, dieses abschütten, die Bohnen unter die Gemüsemischung mengen und alles in eine gefettete Auflaufform füllen. Joghurt würzen, den geriebenen Käse unterrühren und diese Mischung über das Bohnengericht verteilen. Im Backofen bei 200 °C auf der mittleren Schiene etwa 15 Minuten backen. Vor dem Servieren mit gehackter Petersilie bestreuen.

Zubereitungszeit: 85 Minuten
Bohnen 10 Stunden einweichen

Grüne Bohnen in Pilzcreme

Bohnen putzen und brechen. In Wasser mit Bohnenkraut und Kräutersalz 20 Minuten kochen. Bohnen abgießen. Salzwasser mit dem Hafermehl unter ständigem Rühren eindicken. Pilze in Butter weich dünsten. Zusammen mit Wein, Sahne und Käse in die Hafersoße einrühren. Gepreßte Knoblauchzehe dazugeben, umrühren und über die gekochten Bohnen gießen. Eventuell überbacken.

Zubereitungszeit: 50 Minuten

1 kg grüne Bohnen
1 Bund Bohnenkraut
¼ l Wasser
1 EL Kräutersalz
2 EL Hafermehl
400 g Pilze, z.B. Champignons in Scheiben
2 EL Butter
1/8 l Weißwein
1/8 l Sahne
50 g geriebener Gouda
½ Knoblauchzehe

Gebackene Adzukibohnen

Bohnen waschen und 8 Stunden einweichen, anschließend das Einweichwasser weggießen. Eine ganze geschälte Zwiebel, Rosmarin, Brühe und Zitronensaft zu den Bohnen geben und etwa 30 Minuten in Wasser kochen lassen. Tomaten in Stücke schneiden. Die andere Zwiebel zerteilen und in Öl glasig dünsten. Sellerie, Knoblauch und Kräuter zerkleinern und mit den Tomaten dazugeben. Alles 15 Minuten dünsten, mit Salz und frisch gemahlenem Pfeffer würzen. Vollkornbrösel mit der Butter vermengen. Bohnen unter das Tomatengemüse mischen, in eine Auflaufform füllen und bei 175 °C 1½ Stunden backen. Nach 45 Minuten den Käse darüberlegen und mit Vollkornbröseln und den Kürbiskernen bestreuen.

Zubereitungszeit: 125 Minuten
Bohnen 8 Stunden einweichen

300 g Adzukibohnen
2 Zwiebeln
1 Zweig Rosmarin
1 TL gekörnte Gemüsebrühe
2 EL Zitronensaft 500 g Fleischtomaten, gehäutet
2 EL Olivenöl
3 Stengel Bleichsellerie
1 Knoblauchzehe
2 Zweige Bohnenkraut
1 Bund Petersilie
Meersalz, schwarzer Pfeffer
3 EL Vollkornbrösel
2 EL Butter
100 g Mozzarellakäse, in Scheiben
2 EL gehackte Kürbiskerne

Sprossen-Minestrone

Je 1 Tasse Sprossen von
Adzukibohnen, Mungo-
bohnen, Erbsen, Kicher-
erbsen und Linsen
1–2 Möhren
einige Mangold- und/oder
Spinatblätter
1 Stange Porree
2 Knoblauchzehen
1 Stück Sellerie
1 rote Paprikaschote
3 EL Öl
¾–1 l Wasser
Kräutersalz, Petersilie,
Liebstöckel, Basilikum
Parmesankäse

Sprossen zusammen mit dem übrigen kleingeschnittenen Gemüse in Öl andünsten. Wasser zugießen und alles 15–20 Minuten kochen lassen. Würzen. Salz und feingehackte Kräuter hinzufügen. Zuletzt mit Basilikumblättern bestreuen und Parmesan unterrühren oder extra servieren.

Zubereitungszeit: 40 Minuten

Ägyptischer Linsen-Reis-Eintopf

2 EL Olivenöl
100 g Linsen (einge-
weicht)
Fleischbrühe
Meersalz, Pfeffer, Majo-
ran
100 g Vollkornreis, vorge-
kocht
2 Zwiebeln
2 Knoblauchzehen
1 Tasse Tomatensoße
Kreuzkümmel, Cayenne-
pfeffer

Öl erhitzen, Linsen zugeben und unter Rühren anbräunen, mit heißer Fleischbrühe bedecken. Salz, Pfeffer und Majoran zufügen und aufkochen. Reis zugeben und leicht köchelnd garen. Zwiebeln und Knoblauchzehen anbraten, unter die Linsen und den Reis mischen. Tomatensoße erhitzen, kräftig würzen, über die Linsen-Reis-Mischung gießen und anrichten.

Zubereitungszeit: 30 Minuten
Linsen mindestens 2 Stunden einweichen

Kartoffeln – Trüffel der Erde

Produkt- und Qualitätsmerkmale

Die Kartoffel kam erstmals im 16. Jahrhundert nach Europa und wird hier seit Ende des 18. Jahrhunderts in größerem Stil angebaut. Sie zählte lange zu den Grundnahrungsmitteln in Deutschland, in den vergangenen Jahren ist der Verbrauch jedoch zurückgegangen.

Die Kartoffel wird heute zu Unrecht wenig geschätzt; denn sie ist reich an Nähr- und Wertstoffen. Sie liefert biologisch hochwertiges Eiweiß sowie Vitamine und Mineralstoffe, vor allem Vitamin B1, Niacin, Vitamin C sowie Kalium, Eisen und Phosphor. Die Kartoffel wird meist täglich als »Beilage« in verhältnismäßig großen Mengen verzehrt, so daß der Tagesbedarf an diesen Stoffen zu einem erheblichen Teil durch sie gedeckt werden kann. Da in der heutigen Zeit der Fett- und Fleischkonsum hoch ist, kommt es häufig zu einem Säureüberschuß im Körper, und hier kann die Kartoffel durch ihren hohen Mineralgehalt zur Wiederherstellung des Säure-Basen-Gleichgewichts beitragen.

Wie fast alle Gemüsearten ist auch die Kartoffel nicht ganz ohne Bedenken zu genießen; denn in unreifen Kartoffeln und den am Licht grün gewordenen Teilen, besonders in der Schale und den Keimen, bildet sich das giftige Alkaloid Solanin, das durch Kochen ins Kochwasser übergeht. Die grünen Teile der Kartoffel sollten daher vor dem Zubereiten entfernt werden.

Da die Kartoffel bei uns in Monokulturen angebaut wird, kommen oft Stickstoffdünger (Nitrat), Herbizide und andere Chemikalien zum Einsatz, so daß Sie möglichst auf Ware aus dem ökologischen Anbau zurückgreifen sollten. Leider machen auch die Blei- und Kadmiumbelastung vor den Kartoffeln nicht halt. Bedingt durch den hohen Verbrauch stammen 16–20 Prozent des Bleis und etwa 13 Prozent des Kadmiums, das wir durchschnittlich aufnehmen, aus Kartoffeln.

Wenn Sie die räumliche Möglichkeit haben, größere Mengen Kartoffeln zu lagern, sollten Sie sich zum Winter Kartoffeln zum Einkellern besorgen; denn größere Mengen sind wesentlich billiger als Kleinpackungen, und Sie sind außer-

dem nicht auf importierte Ware angewiesen, die zum Teil zur Keimhemmung bestrahlt wird.

Leider bestreuen viele Verbraucher ihre gelagerten Kartoffeln immer noch mit chemischen Keimhemmungsmitteln, die zu den Herbiziden gehören. Angesichts des hohen Kartoffelkonsums sollten Sie bereits geringste Rückstandsmengen vermeiden, die sich ansonsten schnell summieren. Die beste Keimhemmung erreichen Sie durch gute Lagerbedingungen und durch die Wahl einer lagerfähigen Sorte.

Verwendung und Zubereitung

Damit die Inhaltsstoffe der Kartoffel bei der Zubereitung nicht verlorengehen, sollte sie möglichst immer mit der Schale in wenig Wasser gekocht und erst anschließend gepellt werden. Ansonsten treten hohe Nährstoffverluste ein. Wenn Sie eine Vorliebe für Salzkartoffeln haben, sollten Sie das Kochwasser für Suppen und Soßen weiterverarbeiten. Im Gegensatz zu Obst enthält die Kartoffelschale übrigens nicht mehr Nährstoffe als das Fruchtfleisch.

Grüner Kartoffelsalat

1 kg neue Kartoffeln
1/8 l Essig
1/8 l Gemüsebrühe
1 TL Butter
Kräutersalz, Knoblauch-
pulver, 1 Msp. Muskat
1 feingehackte Zwiebel
1 kleine Salatgurke
Schnittlauchröllchen
eventuell etwas Feldsalat
oder Winterpostelein

Kartoffeln waschen, in Salzwasser garen, pellen und in dünne Scheiben schneiden. Essig, Brühe, Butter, Gewürze und Zwiebel zusammen kurz aufkochen lassen, über die Kartoffelscheiben gießen und gut mischen. Salatgurke schälen, in kleine Würfel schneiden und unter den Salat heben. Salat mit Schnittlauch bestreuen und mit Feldsalat umlegen. Nach Belieben saure Sahne dazu reichen.

Zubereitungszeit: 40 Minuten

Kartoffelklößchen mit Fleischsoße

Kartoffeln in Salzwasser weich kochen, pellen und zerstampfen. Mehl mit Eigelb, Pfeffer und Majoran verkneten. Kleine Bällchen formen und in leicht kochendem Salzwasser garen. Klößchen abtropfen lassen, in eine gefettete, feuerfeste Form legen, mit Käse bestreuen und mit Butterflöckchen belegen und 10 Minuten bei 200 °C im Ofen überbacken. Für die Soße Tomaten häuten und kleinschneiden, Zwiebel würfeln, Sellerie und Möhre in Scheiben schneiden, Knoblauch zerdrücken. Öl erhitzen, Gemüse und Knoblauch 5 Minuten darin anbraten. Hackfleisch mitbraten, Fleischbrühe zugießen und Soße 40 Minuten köcheln lassen. Abschmecken.

Zubereitungszeit: 65 Minuten

Für die Klößchen:
1 kg Kartoffeln
1½ Tassen Weizenvollkornmehl
2 Eigelb
je 1 Msp. weißer Pfeffer und getrockneter Majoran
4 EL geriebener Parmesan
2 EL Butter
für die Soße:
1 kg Tomaten
1 Zwiebel
1 Stange Sellerie
1 Möhre
½ Knoblauchzehe
4 EL Olivenöl
250 g Hackfleisch
1/8 l Fleischbrühe
½ TL Meersalz
1 Msp. weißer Pfeffer
etwas getrockneter Oregano

Kartoffeln mit Pfeffersoße

1 Zwiebel, in Scheiben
Saft einer Zitrone
½ TL Meersalz
1 Msp. schwarzer Pfeffer
1 TL Chilipulver
700 g Kartoffeln
½ TL Meersalz
200 g Frischkäse
1 grüne Paprikaschote,
fein gehackt
½ Tasse Sahne
1 TL Kurkuma
1 frische rote Pfefferscho-
te, in feinen Streifen
2 hartgekochte Eier, hal-
biert
8 Oliven
einige Kopfsalatblätter

Zitronensaft mit Salz, Pfeffer und Chilipulver mischen, über die Zwiebelringe gießen und zugedeckt ziehen lassen. Kartoffeln mit Schale in Wasser nicht ganz weich kochen. Frischkäse mit den Paprikaschotenstücken, der Sahne und dem Kurkuma im Mixer pürieren und unter Rühren erhitzen. Zwiebelringe abtropfen lassen. Kartoffeln pellen und mit der Soße übergießen. Pfefferschotenstreifen und Zwiebelringe darauf verteilen. Mit Eierhälften, Oliven und Kopfsalatblättern garnieren.

Zubereitungszeit: 25 Minuten

Nußkartoffeln

1 kg Kartoffeln
100 ml Olivenöl
1 TL Meersalz
½ rote Chilischote
4 Knoblauchzehen
1 Bund Petersilie
50 g Walnußkerne
30 g Sonnenblumenkerne
70 g Kürbiskerne

Kartoffeln schälen und in gleich große Stücke schneiden. Öl mit Salz, Chiliringen, dünnen Knoblauchscheiben und grob gehackter Petersilie verrühren. Kartoffeln trockentupfen und mit Walnüssen, Sonnenblumen- und Kürbiskernen unter das gewürzte Öl mischen. In eine hitzebeständige Form füllen und bei 200 °C 1 Stunde in den Backofen stellen. Kartoffeln zwischendurch wenden.

Zubereitungszeit: 75 Minuten

Kartoffeln mit Gemüsehaube

Kartoffeln mit einer Bürste säubern und einmal der Länge nach durchschneiden. In die Schnittflächen gitterförmige Kerben ritzen und diese mit Kräutersalz bestreuen. Die Hälften mit der Schnittfläche nach oben auf ein gefettetes Backblech legen. Das gesamte Gemüse in Öl kurz andämpfen und mit den Gewürzen abschmekken. Das Ganze mit geriebenem Käse zu einer weichen Paste vermischen und auf die Kartoffelhälften streichen. Im Ofen bei 200 °C 30 Minuten backen.

Zubereitungszeit: 60 Minuten

Menge je nach Anzahl der Personen:
mittelgroße Kartoffeln
Kräutersalz
kleingehackte Zwiebeln
Porree, in Ringe geschnitten
gehackte Petersilie
feingehackte Pilze
feingehackter Sellerie
Öl
Basilikum, Koriander
Knoblauchpulver
geriebener Käse

Kürbis – dick und rund und sehr gesund

Produkt- und Qualitätsmerkmale

Obwohl er bei uns eher selten verzehrt wird, kennt ihn jeder – den Kürbis. Die gelben, zum Teil über einen Zentner schweren Früchte werden nach der Vollreife im Spätherbst geerntet, weshalb sie auch als »Winterkürbis« bezeichnet werden. Der Kürbis, der vorwiegend in Kleingärten angebaut wird, ist eine gute Vitamin-A-Quelle und enthält auch einige Ballaststoffe.

Neben unserem bekannten Gartenkürbis erfreut sich der **Hokaidokürbis** immer größerer Beliebtheit. Seine Früchte sind insgesamt kleiner, die Farbe der Schale ist mehr rötlich-orange, und der Geschmack geht in Richtung nußartig-pikant. Für mich persönlich eine Delikatesse!

Verwendung und Zubereitung

Für die Zubereitung sollten Sie den Kürbis gut waschen, denn die Schale kann mitgegessen werden (außer bei Rohkost). In mundgerechte Stücke zerteilt, eignet er sich zum Backen, Kochen, Dämpfen, Pürieren, als Gratin und Suppe oder zu Kompott. Süß-sauer eingelegt ist er eine leckere Beilage.

Aufbewahren sollten Sie ihn an einem kühlen, dunklen Platz, bis er angeschnitten wird. Dann die Kerne entfernen und eingewickelt in Klarsichtfolie im Gemüsefach des Kühlschrankes aufbewahren.

Ob Sie für die Rezepte Gartenkürbis oder Hokaido verwenden, bleibt Ihrem persönlichen Geschmack überlassen.

Hokaidosuppe

200 g Hokaido
3 Möhren
1 Zwiebel
1 EL Butter
Curry
2 EL Hirse-Vollkornmehl
750 ml kalte Gemüsebrühe
frisch geriebener Ingwer
frisch gemahlener weißer Pfeffer
Meersalz
2 EL Crème fraîche
1 EL Mandelblättchen

Kürbis waschen, halbieren, Kerne entfernen und mit Schale in kleine Stücke teilen. Möhren kleinschneiden, Zwiebel hacken. Butter erhitzen, Zwiebel darin glasig dünsten. Gemüsestücke, Currypulver und Hirsemehl einstreuen und anschwitzen. Die kalte Gemüsebrühe angießen und unter Rühren aufkochen; auf kleiner Flamme etwa 10 Minuten ziehen lassen, dann pürieren. Mit Ingwer vorsichtig abschmecken, pfeffern und salzen. Mandelblättchen ohne Fett in einer Pfanne leicht anbräunen. Crème fraîche auf die Suppe geben, Mandelblättchen darüberstreuen.

Zubereitungszeit: 30 Minuten

Hokaido gebacken

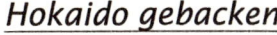

Kürbis waschen und mit Schale würfeln. Soße aus Öl, Tamari, Zwiebeln und restlichen Gewürzen mixen. Hokaidowürfel auf ein Backblech legen und Soßenmischung darübergeben. Mit Parmesan bestreuen und im Backofen 15 Minuten bei 200 °C überbacken, bis der Hokaido weich-bissig (al dente) ist.

Zubereitungszeit: 35 Minuten

pro Person:
250–300 g Hokaido
2 EL Olivenöl
1 EL Tamari
100 g Zwiebeln
2–3 Knoblauchzehen
Kräutersalz, Pfeffer, Basilikum,
Thymian, Majoran
geraspelter Käse (Parmesan, auch Schafskäse)

Indisches Hokaido-Curry

Kürbis in Würfel mit einer Kantenlänge von etwa 3 cm schneiden. Butter schmelzen, Kümmel und Kurkuma darin anrösten (ca. 20–30 Sekunden). Kürbiswürfel dazugeben und unter ständigem Wenden 2–3 Minuten dünsten. Chilis aufschlitzen, entkernen und die Schoten kleinschneiden. Mit der Milch/dem Rahm und den Lorbeerblättern dazugeben. Zugedeckt ca. 10 Minuten köcheln lassen. Crème fraîche unterrühren, mit Zucker und Salz abschmecken. Frisch gemahlenen Muskat darüberstreuen.

Zubereitungszeit: 30 Minuten

375 g Hokaido
1½ EL Butter
½ TL gemahlener Kümmel
¼ TL Kurkuma
1–2 frische (oder getrocknete) rote oder grüne Chilis
½ Tasse Milch/Rahm oder eine Mischung aus beidem
2 Lorbeerblätter
1 EL Crème fraîche
Meersalz, Zucker
frisch gemahlener Muskat

Rindergulasch mit Kürbis

500 g Rindergulasch
3 EL Öl
1 Gemüsezwiebel
3/8 l BrüheMeersalz, Pfef-
fer
7 EL Essig
Zucker
75 g Rosinen
500 g Kürbis

Das Öl erhitzen und das Gulasch darin portionsweise anbraten. Zwiebel abziehen und würfeln. Zum Fleisch geben und kurz mitbraten. Mit Brühe ablöschen. Salz, Pfeffer, Essig, Zucker und Rosinen zufügen und alles zugedeckt 1 Stunde schmoren lassen. Inzwischen den Kürbis entkernen und würfeln. Nach Ende der Garzeit Kürbiswürfel zum Gulasch geben und nochmals 10 Minuten kochen lassen. Zu Salzkartoffeln servieren.

Zubereitungszeit: 80 Minuten

Süß-pikantes Kürbisgemüse

500 g Gartenkürbis
30 g Margarine
Meersalz, Pfeffer
4 zerstoßene Koriander-
körner
2 Porreestangen
200 g Champignons
1 EL Honig
2 EL Weißweinessig
2 EL Kürbiskerne
Petersilie

Kürbis entkernen und in Würfel schneiden. In 20 g Margarine andünsten, mit Salz, Pfeffer und Koriander bestreuen. Porree waschen und schräg in Stücke schneiden. Im restlichen Fett kurz andünsten und mit dem Kürbis und den in Scheiben geschnittenen Champignons mischen. Wenn nötig, etwas Wasser zugeben. Etwa 10–15 Minuten dünsten (der Kürbis sollte noch bißfest sein). Mit Honig und Essig abschmecken und mit gehackter Petersilie und Kürbiskernen bestreuen.
Das Kürbisgemüse schmeckt gut zu gebratenem Tofu.

Zubereitungszeit: 30 Minuten

Zuckermais – das goldene Gemüse

Produkt- und Qualitätsmerkmale

Die Maiskolben des Zuckermais, einer Maissorte mit zarten, süßen Körnern, werden zur Zeit der Milchreife geerntet. Im Gegensatz zum Stärkemais hat sich hier der Zucker noch nicht zur Speicherung in Stärke umgewandelt, sondern liegt noch in löslicher Form in der Pflanze vor. Zuckermais ist sehr kalorienreich und wird zwischen August und November angeboten.

Verwendung und Zubereitung

Nach der Ernte sollte Zuckermais nur kurz und dann kühl gelagert werden, da der Zuckergehalt schnell abnimmt. Tiefgefroren hält er sich etwa 8 Monate. Die jungen Kolben werden ca. 20–30 Minuten in ungesalzenem Wasser gekocht und dann mit Salz und viel Butter gegessen. Sie können auch roh, gedünstet oder gegrillt serviert werden. Sollen die Körner verarbeitet werden, löst man sie mit einem scharfen Messer vom Kolben ab. In einem Salat aus Paprika und Tomaten ist Mais mit seiner gelben Farbe recht dekorativ. Er eignet sich auch gut für Eintöpfe und Suppen.

Maissuppe

Maiskolben kochen, Körner aus den Kolben lösen, Mais von 6 Kolben (bzw. 1½ Dosen) mit etwas Brühe im Mixer pürieren und zu der restlichen Brühe geben. Aufkochen lassen. Stärke mit Wasser anrühren und Suppe damit binden. Nun die restlichen Maiskörner zufügen. Suppe vom Herd nehmen und abschmecken. Die beiden Eigelbe mit Sahne verquirlen und Suppe damit binden. Nicht mehr kochen lassen. Mit Schnittlauchröllchen servieren. Zubereitungszeit: 35 Minuten

8–10 Maiskolben (ersatzweise 2 Dosen Mais)
¾ l Gemüsebrühe
3 TL Speisestärke
2 EL Wasser
Meersalz, Pfeffer, Zwiebelpulver
2 Eigelb
1/8 l Sahne
1 Bund Schnittlauch

Süße Maispuffer mit Zimt

4 Eier
1/8 l Milch
150 g Weizenmehl
2 gestrichener EL Honig
Saft und abgeriebene
Schale einer unbehandel-
ten Zitrone
4 Maiskolben (ersatzwei-
se 1 Dose Mais)
6 EL Öl
4 EL Honig
½ TL Zimt

Eier, Milch, Mehl und Honig zu einem glatten Pfannku-chenteig verrühren. Mit Zitronensaft und -schale abschmecken. Die abgestreiften Maiskörner zugeben. Öl in einer Pfanne erhitzen und aus dem Teig kleine Fladen backen. Heiß mit Honig bestreichen und mit Zimt bestreuen.

Zubereitungszeit: 20 Minuten

Maiseintopf

2 Zwiebeln
1 Sellerie
je 1 rote und grüne Papri-
kaschote
3 EL Butter
½ l Wasser
3 Kartoffeln
Kräutersalz
etwas Koriander, Thymi-
an und Knoblauchpulver
½ Tasse Maisgrieß (Po-
lenta)
½ l Milch
8 Maiskolben (ersatzwei-
se 2 kleine Dosen)
etwas Sahne
Petersilie

Zwiebeln, Sellerie und Paprika in Würfel schneiden und in der Butter andünsten. Wasser zugeben, ebenso die gewürfelten Kartoffeln und die Gewürze. So lange ko-chen, bis die Kartoffeln gar sind (ca. 15 Minuten). Polenta mit 1/8 l Milch vermischen und zur Suppe geben. Die restliche Milch und die abgestreiften Mais-körner dazugeben, nicht mehr kochen. Mit etwas Salz verfeinern und mit Petersilie bestreut servieren.

Zubereitungszeit: 30 Minuten

Maisgemüse mit Champignons

In Ringe geschnittene Zwiebeln und geputzte, in Scheiben geschnittene Champignons in Öl andünsten.
Wasser zugießen, Tomatenmark unterrühren und alles knapp 5 Minuten kochen lassen. Maiskörner zufügen und miterhitzen. Würzen, Sahne unterrühren und mit gehackter Petersilie bestreuen.

Zubereitungszeit: 20 Minuten

2 EL Öl
2 Zwiebeln
400 g Champignons
etwa 1/8 l Wasser
2 EL Tomatenmark
4 Maiskolben (oder 1 Dose Mais)
Kräutersalz, Pfeffer
3 EL Sahne
1 Bund Petersilie

Manche mögen's scharf, andere lieber mild – Paprika wird beiden gerecht

Produkt- und Qualitätsmerkmale

Bei Paprika wird zwischen dem scharf schmeckenden Gewürzpaprika, auch »Peperoni«, »Chili« oder »spanischer Pfeffer« genannt, und dem mild schmeckenden Gemüsepaprika unterschieden. Wer viel Gemüsepaprika ißt, wird sicherlich nicht unter Vitamin-C-Mangel leiden; denn vor allem die roten, reifen Früchte liefern uns fast dreimal soviel Vitamin C wie Zitronen. Weniger reichhaltig sind die nicht voll ausgereiften, grünen Früchte, die jedoch wesentlich öfter angeboten werden, da der Ernteertrag bei der Grünreife meist höher liegt. Grüne Paprikaschoten haben das kräftigste Aroma, während die roten eher würzig und zart süßlich schmecken. Am mildesten im Geschmack sind die gelben Schoten, und ein besonders feines Aroma haben die länglichen, spitz zulaufenden, hellgrünen Paprikaschoten. Tomatenpaprika, eine Kreuzung aus Gemüsepaprika und Tomaten, ist schärfer und zugleich leicht süßlich.

Verwendung und Zubereitung

Paprika waschen, halbieren oder Deckel abschneiden, Samen und Scheidewände entfernen (in ihnen stecken die scharfen Geschmacksstoffe; die Samen können beim Kochen einen bitteren Geschmack hervorrufen). Paprika ist bekömmlicher, wenn er vor dem Verzehr kurz mit heißem Wasser überbrüht und kalt abgeschreckt wird. Die Haut läßt sich leicht abziehen, wenn man die Frucht mehrmals unter dem Grill kurz wendet. Gemüsepaprika wird als Rohkost und Gemüse oder für Füllungen verwendet.

Im Gemüsefach des Kühlschrankes ist er ohne größere Wertstoffverluste 4 Tage haltbar.

Paprikasalat mit Käse

2–3 Paprikaschoten
100 g Gouda
eventuell Gurken- oder Tomatenstückchen
für die Soße:
½ TL ital. Kräutermischung
1 Msp. Pfeffer
1 TL Senf
1 gehackte Zwiebel
¼ TL Kräutersalz
etwas Honig
1 EL Zitronensaft
3 EL Öl
2 EL Essig

Paprikaschoten in feine Streifen und Käse in Würfel schneiden. Zutaten mischen, eventuell mit Gurken oder Tomaten bereichern. Zutaten für die Soße mit dem Schneebesen verrühren und mit dem Salat mischen. Tip: Wenn Sie Paprika kurz in kochendem Salzwasser blanchieren, ist er leichter verdaulich.

Zubereitungszeit: 15 Minuten

Paprikasahnesuppe

Öl erhitzen, Zwiebeln darin glasig dünsten. Paprika und Sauerkraut hinzufügen, kurz miterhitzen. Brühe zugießen und Zutaten gar kochen. Mehl mit kaltem Wasser anrühren, Suppe damit binden, mit Kräutersalz und Wein abschmecken, Sahne unterrühren.

Zubereitungszeit: 25 Minuten

200 g Zwiebel, gewürfelt
2 EL Öl
2 Paprikaschoten, in Streifen geschnitten
200 g Sauerkraut
1 l heiße Gemüsebrühe
1 EL Weizenvollkornmehl
1 EL Wasser
Kräutersalz
1 EL Weißwein
1/8 l Sahne

Gefüllte Paprikaringe als Brotbelag

Frischkäse mit der Hälfte der Butter und den Eigelben verrühren und mit den Gewürzen abschmecken. Eiweiß fein würfeln und untermischen, Paprikaschoten quer halbieren, von Kernen und Scheidewänden befreien. Mit der Kräutermischung füllen und in Alufolie gewickelt mindestens 2 Stunden in den Kühlschrank legen. Die übrige Butter mit 3 EL gehackter Kresse verrühren, salzen und pfeffern. Paprikaschoten in Scheiben schneiden, mit der restlichen Kresse auf den Broten anrichten und die Kressebutter getrennt reichen.

Zubereitungszeit: 20 Minuten
Kühlzeit: 2 Stunden

200 g Doppelrahmfrischkäse
150 g weiche Butter
2 hartgekochte Eier
Kräutersalz
Pfeffer
2 TL Delikateßpaprika
½ TL zerstoßener Koriander
je 1 kleine grüne und gelbe Paprikaschote
1 Kästchen Kresse
mehrere Scheiben Bauernbrot

Würziges Paprikagemüse

4 grüne Paprikaschoten
Wasser, 1 EL Butter
3 gestrichene EL Weizen-
schrot
1 EL Tartex
geriebener Schweizer Käse
3 TL gekörnte Brühe
Knoblauch- und Zwiebel-
pulver
etwas Muskatblüte
Thymian, Piment
Zitronensaft

Paprikaschoten in Stücke schneiden und in einen Topf geben. Wasser zugießen, so daß die Paprikaschoten nicht ganz bedeckt sind. Butter dazugeben, einmal aufkochen lassen und dann bei geringer Hitze weiterschmoren lassen. Während des Kochens Weizenschrot, Tartex und Käse unterrühren, so daß sich alles gut verbindet. Dann mit gekörnter Brühe und den Gewürzen abschmecken und mit einem Spritzer Zitronensaft abrunden. Dazu Reis, Kartoffeln oder Teigwaren reichen.

Zubereitungszeit: 30 Minuten

Paprikaschoten mit Grünkernfüllung

150 g grob geschroteter
Grünkern
3/8 l Gemüsebrühe
1 große Zwiebel
1 Knoblauchzehe
2 EL Sonnenblumenöl
2 EL gemischte Kräuter
1 EI Kräutersalz
schwarzer Pfeffer
1 Ei
2 EL Weizenvollkornmehl
½ Dose Mais
4 Paprikaschoten, grün
und rot
5 EL Crème fraîche
4 EL geriebener Käse
5 EL Weißwein

Grünkernschrot in gut einem Viertelliter Gemüsebrühe 45 Minuten köcheln lassen. Fein gewürfelte Zwiebel und Knoblauch in Öl glasig braten, mit der Grünkernmasse, Kräutern, Ei und Mehl mischen, salzen und pfeffern. Mais untermengen. Paprika putzen, Deckel abschneiden und mit der Grünkernmasse füllen, mit je 1 EL Crème fraîche und Käse bedecken, mit restlicher Brühe umgießen und im Backofen bei 200 °C in 30 Minuten garen. Die Schoten warm halten. Aus dem Garfond, restlicher Crème fraîche, Wein und den gewürfelten Schotendeckeln eine Soße zubereiten und diese 3 Minuten einkochen lassen.

Zubereitungszeit: 95 Minuten

Tomaten – rote Vielfalt

Produkt- und Qualitätsmerkmale

Früher wurden Tomaten »Paradiesäpfel« oder »Liebesäpfel« genannt, in Österreich heißen sie immer noch »Paradeiser«. Welch treffender Name – sind doch Tomaten geradezu paradiesisch wandlungsfähig, schmackhaft und gesund. Sie werden das ganze Jahr über vermarktet. In den Winter- und Frühjahrsmonaten sollten Sie jedoch auf frische Tomaten verzichten; denn es handelt sich dann meist um kanarische/spanische Ware, die mit hohem Energieaufwand in unsere Küchen transportiert wird, oder um Tomaten aus Gewächshäusern, die kaum Aroma, sondern nur optische Reize bieten. Von Juli bis November stehen dem Verbraucher deutsche Tomaten zur Verfügung. Wer auf Aromastärke Wert legt, sollte immer zu Freilandware greifen. Die Einteilung der Tomaten in Handelsklassen sagt leider nur etwas über die äußere Beschaffenheit der Frucht aus, aber nichts über Geschmack oder Gehalt an Nähr- und Aromastoffen (dies gilt übrigens auch für anderes Gemüse). Je länger Tomaten in der Sonne reifen können, um so höher sind der Zucker- und Säuregehalt und damit die Aromastärke. Gewächshaustomaten bzw. nachgereifte Tomaten sind oft sehr wässerig und haben wenig Aroma. Grüne Tomaten sollten nicht roh verzehrt werden, da sie das giftige Alkaloid Solanin enthalten. Für Konfitüren/Chutneys, von denen nur geringe Mengen gegessen werden, können Sie die noch unreifen, säurehaltigen Früchte dagegen bedenkenlos verkochen.

Tomaten gibt es in verschiedenen Sorten. Die am häufigsten angebotene ist die feinaromatische, saftige Kugeltomate, die für Gemüse (hier meist entkernt) oder zur Garnitur verwendet wird. Die große Fleischtomate ist säurearm, enthält mehr festeres Fruchtfleisch und ist eher für Salat geeignet sowie vor allem zum Füllen. Die würzige, festfleischige Flaschen- bzw. Eiertomate ist ideal für Gemüse, Suppen und zum Einmachen. Mit der kleinen Cocktail- oder Kirschtomate wird den Verbrauchern gewissermaßen wieder die Urform dieses Gemüses angeboten.

Sie ist sehr aromatisch, leicht süßlich im Geschmack und daher bestens geeignet für Salate und als Garnitur.

Verwendung und Zubereitung

Tomaten sollten nicht auf Vorrat gekauft werden, da sie nicht lange frisch bleiben. Gerade im Kühlschrank verderben sie besonders schnell und verlieren an Aroma. Tomaten sollten immer separat gelagert werden; denn sie sondern Äthylen ab, ein Gas, das zum Beispiel dazu führt, daß Gurken leicht vergilben und Blumenkohl seine Form verliert.

Sollen Tomaten mitgekocht werden, empfiehlt es sich, vorab die Haut abzupellen. Dazu ganz einfach die runde Seite kreuzweise einritzen, Tomaten in kochendes Wasser legen, herausnehmen, sobald die Haut aufplatzt, mit kaltem Wasser abschrecken und mit einem Schälmesser die Haut abziehen. Auch für Menschen mit empfindlichem Magen, für Leber- und Gallenkranke sind Tomaten ohne Schale bekömmlicher. Möchten Sie Tomaten entkernen, halbieren Sie sie waagerecht und lösen die Kerne mit einem Teelöffel oder der Fingerspitze heraus.

Feurige Tomatensuppe

4 EL Öl
2 Zwiebeln, gewürfelt
1 Zucchini, gewürfelt
je 1 kleine rote und grüne
Paprikaschote, gewürfelt
500 g gehäutete Tomaten,
in Stücken
½ TL gemahlener Piment
Meersalz, schwarzer Pfeffer
½–1 TL Sambal Oelek
1 Knoblauchzehe
2 Scheiben Weißbrot

2 EL Öl erhitzen und Zwiebeln darin glasig dünsten. Von den Zucchini- und Paprikawürfeln einige zum Garnieren zurücklassen, die übrigen mit anschwitzen. Tomatenstückchen zufügen. Mit den Gewürzen und Sambal Oelek würzen und 20 Minuten köcheln lassen. Das restliche Öl erhitzen und die Knoblauchzehe hineinpressen. Weißbrot würfeln, darin goldbraun rösten. Die Suppe im Mixer pürieren, wieder aufkochen, scharf abschmecken und mit Brot- und Gemüsewürfeln bestreut sofort servieren.
Zubereitungszeit: 40 Minuten

Tomaten mit Blattspinatfüllung

Von den Tomaten den Deckel abschneiden, das Fruchtfleisch mit einem Eßlöffel herauslösen und in Würfel schneiden. Tomaten innen mit Salz und Pfeffer würzen. Für die Füllung Zwiebel in Würfel schneiden, Knoblauchzehe zerdrücken und in 20 g Butter anbraten. Blattspinat zugeben und kurz dünsten. Tomatenwürfel zufügen und alles mit Kräutersalz und Zucker abschmecken. Die Masse in die Tomaten füllen und Deckel wieder aufsetzen.

Restliche Butter erhitzen und die gefüllten Tomaten hineinsetzen, Kräuter darüberstreuen und etwa 2 Minuten dünsten. Brühe angießen und das Ganze in geschlossenem Topf ca. 10 Minuten garen.

4 Fleischtomaten (ca. 800 g)
je ¼ TL Kräutersalz und Pfeffer
für die Füllung:
1 Zwiebel
1 Knoblauchzehe
40 g Butter oder Margarine
200 g frischer Blattspinat
¼ TL Kräutersalz
1 Prise Zucker
je ¼ TL Basilikum, Majoran und Salbei
½ Tasse Brühe

Zubereitungszeit: 30 Minuten

Gebackene Tomaten mit Schafskäse

Eine Auflaufform mit Öl einfetten und mit Tomatenscheiben auslegen. Schafskäse, Zwiebel und Knoblauchzehe darübergeben und mit Kräutersalz und Pfeffer bestreuen. Auf die mittlere Schiene in den kalten Backofen schieben und bei 200 °C 15 Minuten backen. Mit frischen Thymian- und Basilikumblättchen bestreuen und noch 5 Minuten backen.

Dazu Baguette oder Weizenfladen reichen.

2 EL Öl
500 g Tomaten
200 g gewürfelter Schafskäse
1 Zwiebel, gewürfelt
1 Knoblauchzehe, zerdrückt
Kräutersalz, Pfeffer
je 1 Zweig Thymian und Basilikum

Zubereitungszeit: 30 Minuten

Sardische Tomatensoße
mit Vollkornnudeln

250–500 g Vollkornnudeln (nach Bedarf)
für die Soße:
1 kg Tomaten
3 Knoblauchzehen
½ Tasse Olivenöl
je 2 frische Zweige Basilikum und Petersilie
½ TL Kräutersalz
1 Msp. weißer Pfeffer
1 TL frisch gehackter Oregano
5 EL geriebener Parmesankäse

Vollkornnudeln in sprudelndem Wasser gar kochen. Für die Soße die Tomaten häuten, entkernen und kleinschneiden. Knoblauchzehen vierteln. Das Öl erhitzen, Knoblauch darin braun braten und herausnehmen. Die kleingeschnittenen Kräuter, die Tomaten und die Gewürze zugeben. Alles 30 Minuten köcheln lassen, gelegentlich umrühren. Knoblauch und zuletzt Oregano untermischen.

Die Soße über die Nudeln geben und mit Parmesankäse bestreuen.

Zubereitungszeit: 40 Minuten

Im Sommer – wenn Tomaten massenhaft zur Verfügung stehen – lohnt es sich, sie selbst einzumachen oder Tomatenmark herzustellen. So haben Sie auch im Winter etwas von dieser köstlichen Frucht. Hier ein sehr delikates russisches

Einmachrezept für Tomaten

Salz und Zucker in dem kochenden Wasser auflösen. Tomaten und Gewürze schichtweise in Gläser füllen und den Sud kochend über die Tomaten gießen. Je Glas 1 TL Weinessig dazugeben. Gläser schließen und 15 Minuten im Einmachtopf bei 90 °C sterilisieren.

8 kg Tomaten
Lorbeer-, Kirsch-,
schwarze Johannisbeer-,
Meerrettichblätter
Knoblauch, Dill nach Geschmack
Sud (aus 12 l Wasser,
500 g Salz und
1 kg Zucker)
Weinessig

Zubereitungszeit: 25 Minuten

Tomatenmark

Tomaten waschen, kleinschneiden und mit etwas Meersalz und frisch gemahlenem Pfeffer mindestens 20 Minuten kochen und eindicken lassen. Das Tomatenmark durch ein Sieb passieren und sofort kochend heiß in saubere Gläser füllen, den Deckel aufsetzen und die Gläser sorgfältig verschließen.
Wenn Sie das Tomatenmark gleich mit Gewürzen, frischen Kräutern, Zwiebeln und Knoblauch pikant abschmecken möchten, sterilisieren Sie die Gläser am besten 20 Minuten bei 90 °C.

Zubereitungszeit: 35 Minuten

Am Ende des Sommers ist der Garten häufig voll von grünen Tomaten. Hier ein Vorschlag zur Verwertung:

Grünes Tomatenchutney

500 g grüne Tomaten, geviertelt
500 g feste, saure Äpfel, geviertelt
500 g harte Birnen, in Stücken
1 Knoblauchzehe, fein gehackt
1 große Gemüsezwiebel, in Stücken
1 EL Ingwerpulver
3 EL Rübenkraut oder Melasse
3 EL Obstessig
1 EL Senfkörner
Meersalz, Cayennepfeffer

Alle Zutaten vermischen und ½ Stunde einkochen, bis ein dickes Kompott entsteht. In sterile Schraubgläser einfüllen, kühl aufbewahren. Das Chutney ist etwa 1 Jahr haltbar und eignet sich als pikante Beilage zu Reis.

Zubereitungszeit: 25 Minuten

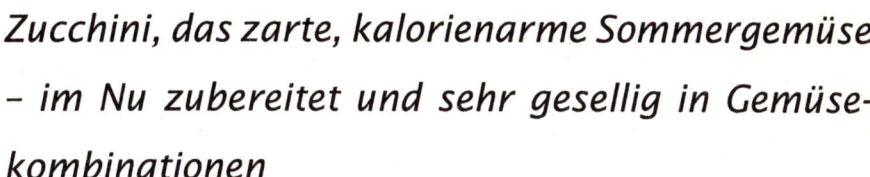

Zucchini, das zarte, kalorienarme Sommergemüse – im Nu zubereitet und sehr gesellig in Gemüsekombinationen

Produkt- und Qualitätsmerkmale

Lange Zeit wurden Zucchini überwiegend aus südlichen Ländern importiert, mittlerweile werden sie jedoch auch bei uns angebaut. Sie sind von Anfang Juli bis Oktober auf dem heimischen Markt erhältlich. Zucchini sind ein Kürbisgemüse, sie lassen sich im Aussehen jedoch eher mit Gurken vergleichen, von denen sie sich allerdings durch die sechskantige Form unterscheiden. Da sie nicht so wasserhaltig sind wie Gurken, eignen sie sich besser zur Gemüsezubereitung. Die größeren Früchte werden »Zucchetti« genannt. In Frankreich bezeichnet man Zucchini als *courgettes*.

Verwendung und Zubereitung

Zucchini sind schnell vor- und zubereitet. Sie müssen nicht geschält werden, man braucht sie nur zu waschen, den harten Stiel zu entfernen und dann entweder längs zu halbieren oder in Scheiben zu schneiden. Nur bei großen Früchten sollten Schale und Kerne entfernt werden. Zucchini schmecken roh ebensogut wie gedünstet oder geschmort. Für Salate und zum Grillen eignen sich am besten Früchte von 10–15 cm Länge, zum Füllen und für Gemüsemischungen dagegen eher größere Exemplare. Wegen ihres zarten Eigengeschmacks lassen sich Zucchini besonders gut mit anderem Gemüse kombinieren, z.B. mit Zwiebeln, Tomaten, Auberginen oder Paprika.

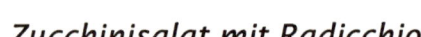

Zucchinisalat mit Radicchio

1 mittelgroße Zucchini
2 kleine Radicchio
2–3 Frühlingszwiebeln
für die Marinade:
4 EL Olivenöl
2 EL Obstessig
schwarzer Pfeffer
Petersilie, Kerbel, Estra-
gon
etwas Wasser oder Sahne
eventuell Honig

Zutaten für die Marinade verrühren. Zucchini und Radicchio in feine Streifen schneiden, Frühlingszwiebeln mit Grün feinschneiden und Marinade darübergießen. Eventuell mit etwas Honig süßen.

Zubereitungszeit: 15 Minuten

Kabeljaufilets mit Zucchini-Paprika-Gemüse

80 g Weizenkörner
Meersalz
4 Kabeljaufilets (600 g)
Zitronensaft
4 EL Öl
100 g Schalotten oder
Zwiebeln
250 g Zucchini
2 rote Paprika
40 g Butter
Pfeffer
1 EL gemischte Kräuter
(Schnittlauch, glatte Pe-
tersilie, Thymian, Salbei)

Die Weizenkörner mit kaltem Wasser bedeckt über Nacht einweichen. Am nächsten Tag die Körner mit frischem Wasser und etwas Salz in etwa 35–40 Minuten weich kochen.
Die Kabeljaufilets säubern, mit Zitronensaft beträufeln und zugedeckt beiseite stellen. Die Schalotten oder Zwiebeln schälen und in feine Ringe schneiden. Die gewaschenen Zucchini in feine Scheiben schneiden. Die Paprikaschoten halbieren, die Kerne und die weißen Trennwände entfernen und würfeln. Butter schmelzen, die Zwiebelringe darin andünsten, Gemüse zugeben, etwas Salz und Pfeffer darüberstreuen und 4–5 Minuten leicht dünsten. Die Weizenkörner auf ein Sieb schütten, kurz ablaufen lassen und unter das Gemüse rühren. Unter das fertige Gemüse die Kräuter rühren und nochmals abschmecken. Dazu Naturreis.
Das Öl in einer Pfanne erhitzen, die Fischfilets salzen

und von jeder Seite 3 Minuten im Öl braten.

Zubereitungszeit: 45 Minuten
Den Weizen über Nacht einweichen

Zucchini-Heringsstipp

Heringe in etwa 4 cm lange Stücke schneiden. Zucchini halbieren, entkernen, in feine Streifen schneiden. Zwiebel fein würfeln. Apfel schälen, vierteln, entkernen, in feine Streifen schneiden. Zucchini, Zwiebel und Apfel mit saurer Sahne mischen, mit Salz und Essig abschmecken und über die Heringe geben. Eier pellen, in Scheiben schneiden. Heringsstipp mit Eiern und Petersilie garnieren und z.B. zu Pellkartoffeln servieren.

6 eingelegte Heringe
2 Zucchini (etwa 300 g)
1 mittelgroße Zwiebel
1 Apfel
¼ l saure Sahne
Meersalz
eventuell 1 EL Essig
2 hartgekochte Eier
Petersilie

Zubereitungszeit: 15 Minuten

Quinoa-Zucchini-Auflauf

Quinoa mit kaltem Wasser abspülen und abtropfen lassen. Mit 300 ml Wasser aufkochen und bei kleiner Hitze etwa 15 Minuten garen. Auf einem Sieb abkühlen lassen. Sonnenblumenkerne grob hacken und mit Eigelb, Crème double und Quinoa verrühren. Zwei Zucchini grob raffeln und untermischen. Mit den Gewürzen abschmecken. Geschlagenen Eischnee vorsichtig unterheben. Eine ofenfeste Form ausfetten und Teig einfüllen, glattstreichen. Die dritte Zucchini der Länge nach in dünne Scheiben schneiden und in die Form legen. Mit geriebenem Greyerzer bestreuen. Im Backofen bei 200 °C

1 Paket Quinoa (150 g)
50 g Sonnenblumenkerne
3 Eier, getrennt
1 Becher Crème double (125 g)
3 Zucchini
Kräutersalz, weißer Pfeffer
milder Curry, Muskat
Fett für die Form
30 g Greyerzer Käse

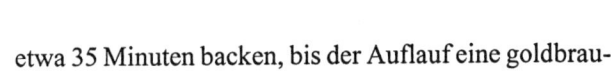

etwa 35 Minuten backen, bis der Auflauf eine goldbraune Kruste hat.

Zubereitungszeit: 60 Minuten

Überbackene Zucchinischeiben

1 Paket Tofu-Natur
1 Tasse Sojasoße
1 Knoblauchzehe
4 große Zucchini
170 g Karotten
100 g Gouda mittelalt
150 g Crème fraîche
120 g Erbsen
Meersalz
Paprika, süß und scharf
Pfeffer

In die Sojasoße eine Knoblauchzehe pressen. Darin den Tofu – in Würfel von 1 cm Kantenlänge geschnitten – einlegen. Die Zucchini in 2,5 cm dicke Scheiben schneiden und ca. 5 Minuten in Salzwasser kochen. Die Karotten in feine Streifen schneiden und mit wenig Wasser dünsten. Die Zucchini in eine feuerfeste, geölte Form legen. Darüber kommen die Tofuwürfel.

Käse in Würfel von 1 cm Kantenlänge schneiden. Mit Crème fraîche, Erbsen und Karotten mischen und mit den Gewürzen abschmecken. Mischung über die Zucchini-Tofu-Masse geben und bei 200 °C etwa 20 Minuten im Backofen goldbraun backen.

Zubereitungszeit: 45 Minuten

Wurzelgemüse

Meerrettich – der gesunde Appetitanreger

Produkt- und Qualitätsmerkmale

Im Gegensatz zum Rettich wird der Meerrettich nur in geringem Umfang als Gemüse verwendet. Wegen seines typischen Geruchs und Geschmacks und insbesondere wegen seiner Schärfe, die vom Senföl bestimmt wird, nutzt man ihn gern zum Würzen von Soßen.

Meerrettich ist eine bis zu 1,25 m hohe Gewürzpflanze, von der die dicken Pfahlwurzeln – etwa 150 g schwer – verwendet werden. Der Name geht auf das althochdeutsche Wort *mer-ratih* »großer Rettich« zurück. Der ernährungsphysiologische Wert von Meerrettich ist sehr hoch; denn dieser zeichnet sich vor allem durch einen hohen Gehalt an Kalium, Kalzium und Vitamin C aus, letzterer ist noch höher als in Zitronen. Meerrettich wirkt appetitanregend und regt zur Sekretion der Magensäfte an. Er ist von Oktober bis April frisch im Angebot.

Verwendung und Zubereitung

Das Aroma frischen Meerrettichs ist wesentlich stärker als das von konserviertem. Von frischen Stangen sollten Sie nur soviel abschaben, wie Sie gerade benötigen, weil sich die ätherischen Öle schnell verflüchtigen. Um das Braunwerden zu verhindern, fügen Sie zum geriebenen Meerrettich etwas Milch, Mehl und Zitronensaft hinzu.

Meerrettichsalat

2 EL frischer Meerrettich
2 Äpfel
2 Essiggurken
2 TL Kapern
<u>für die Soße:</u>
1 EL Zitronensaft
1 EL Obstessig
1 EL Joghurt
4 EL Öl
1 TL Senf
Meersalz, Pfeffer

Die Zutaten für die Soße gut vermengen. Meerrettich fein raspeln, Äpfel und Gurken in Streifen schneiden. Sofort zusammen mit den Kapern in die Soße geben und vermengen.

Zubereitungszeit: 10 Minuten

Meerrettichrahmsuppe mit Lachsstreifen und Dill

1 Stange frischer Meerrettich
40 g Butter
30 g Weizenvollkornmehl
¾ l heiße Gemüsebrühe
½ Glas Weißwein
100 g Sahne, steif geschlagen
1 Bund Dill, fein geschnitten
weißer Pfeffer, Meersalz
1 EL Zitronensaft
eventuell 1 TL Honig
100 g Räucherlachs, in feinen Streifen

Meerrettich fein raspeln. Butter schmelzen lassen, Mehl einstreuen, anschwitzen, mit Brühe und Weißwein ablöschen. Meerrettich dazugeben. Alles zum Kochen bringen und bei milder Hitze 10–15 Minuten leise köcheln lassen. Gelegentlich umrühren. Dill unter die Sahne heben. Die Suppe mit den übrigen Zutaten würzen und abschmecken. Zum Schluß Dillsahne unterziehen. Lachsstreifen auf der Suppe verteilen.

Zubereitungszeit: 20 Minuten

Eier in Meerrettichsoße

Mehl in der Milch verrühren und unter ständigem Rühren in siedendes Wasser gießen. 15 Minuten köcheln lassen. Sahne, Honig und etwas Salz zugeben, noch einmal aufkochen lassen. Geriebenen Meerrettich einrühren, mit Essig abschmecken und mit Butter verfeinern. Soße nicht mehr kochen lassen.

Mit Semmelknödeln und hartgekochten Eiern servieren.

Zubereitungszeit: 20 Minuten

80 g Weizenvollkornmehl
200 ml Milch
200 ml Wasser
1 Becher Sahne
1 EL Honig
etwas Meersalz (nach Belieben)
3 TL frisch geriebenen Meerrettich
1 EL Essig
50 g Butter
4 hartgekochte Eier

Möhren – das Gemüse, das alle mögen: Kinder, Rohköstler, Feinschmecker

Produkt- und Qualitätsmerkmale

Die Möhre ist eine unserer bekanntesten und zugleich beliebtesten Nahrungspflanzen. Man nennt sie auch »gelbe Rübe«, »Mohrrübe« oder schlicht »Wurzel«. Die kurzen, dicklichen Möhren werden als Karotten bezeichnet. Die Möhre enthält wenig Eiweiß und Fett, einige Kohlenhydrate – teilweise als Zucker, die den süßen Geschmack ausmachen – sowie viele Mineralstoffe und Vitamine. Besonders erwähnenswert ist der hohe Gehalt an Betakarotin – einer Vorstufe des Vitamin A. Möhren dienen nicht nur als Nahrungsmittel, sie sind auch ein Heilmittel bei Magen- und Darmerkrankungen. Frischer Möhrensaft saugt z.B. überschüssige Magensäure auf und hilft bei Sodbrennen. Die Möhre wirkt stoffwechselunterstützend, harntreibend, wurmtreibend und leicht stopfend. Durch

ihre gute Bekömmlichkeit und Verdaulichkeit ist sie auch als Säuglings-, Alten- und Krankennahrung geeignet. Möhren werden im Frühsommer meist als Bundmöhre mit Laub angeboten. Das Laub sollten Sie zur Aufbewahrung abschneiden, da es der Möhre Feuchtigkeit entzieht und sie schneller welken läßt. Es enthält Vitamine und schmeckt als Salat, in Suppen und Gemüse. Ab Mitte Juli gibt es die sogenannten Waschmöhren und ab Herbst die gröberen Herbst- und Wintermöhren. Möhren sollten nicht zu kalt gelagert werden, da sie sonst einen leicht seifigen Geschmack annehmen können. Man bewahrt sie in leicht temperierten Räumen oder in einer mit Sand gefüllten Kiste im Keller bzw. in einer Erdmiete vor Licht und Sauerstoff geschützt auf.

Verwendung und Zubereitung

Die Möhre bietet vielseitige Möglichkeiten der Zubereitung. Als Rohkost eignet sie sich zum Entsaften und für Salat. Man kann sie als Suppengemüse, für Eintöpfe, als beliebte Gemüsebeilage und sogar zum Backen verwenden. Kleingeriebene Möhren ergeben eine farbige Soße, und pürierte Möhren dienen zudem als natürliches Dickungsmittel für Soßen. Allerdings sollte bei jeder Verarbeitung, auch bei der Zubereitung von Rohkost, immer etwas Fett (Sahne, Öl) zugegeben werden, sonst kann das Karotin vom Körper nicht aufgenommen werden. Frische Möhren brauchen nur unter fließendem Wasser gebürstet zu werden (Ausnahme: Möhren aus nicht biologischem Anbau). Ältere Möhren werden geschabt.

Möhren-Hirse-Salat

Hirse in heißer Butter kurz andünsten. Brühe zugießen und im geschlossenen Topf bei kleiner Hitze 25 Minuten quellen lassen. Geschälte Möhren und Gurke/Zucchini grob raspeln. Mit der abgekühlten Hirse vermischen. Für die Soße Zitronensaft mit Salz, Pfeffer und Honig verrühren und Walnußöl unterschlagen. Die Soße mit dem Salat vermischen und etwa 1 Stunde durchziehen lassen. Mit Walnüssen garnieren.

100 g Hirse
20 g Butter
¼ l Gemüsebrühe
3 Möhren
1 Salatgurke oder Zucchini
Saft von 1 Zitrone
Meersalz, frisch gemahlener Pfeffer
1 EL Honig
5 EL Walnußöl
einige Walnußkerne

Zubereitungszeit: 25 Minuten
Salat 1 Stunde durchziehen lassen

Möhrenquark als Brotaufstrich

Quark mit Dickmilch und Öl glattrühren. Möhren fein raspeln. Zusammen mit dem Meerrettich und den Kräutern unter den Quark mengen, eventuell mit Salz abschmecken. Sofort servieren.

250 g Quark
5 EL Dickmilch
1 TL Distelöl
200 g Möhren
1 TL geriebener Meerrettich
1 EL feingehackte Kräuter, Meersalz

Zubereitungszeit: 10 Minuten

107

Pikante Möhrensuppe

500 g Möhren
3 EL Butter
Saft von ½ Zitrone
1 Prise Meersalz, Cayen-
nepfeffer, Muskat
¾ l Gemüsebrühe
1 kleiner Kopf Endiviensa-
lat
2 EL Butter
1/8 l Sahne

Möhren putzen, waschen und pürieren. 3 EL Butter schmelzen, Püree zugeben, unter Rühren bei milder Hitze dämpfen. Zitronensaft und Gewürze zufügen und mit der Brühe aufgießen. Endiviensalat in Streifen schneiden, in Butter andünsten, in die Suppe geben und bei milder Hitze 5 Minuten ziehen lassen. Sahne einrühren, kurz erwärmen und abschmecken.

Zubereitungszeit: 20 Minuten

Möhren-Erbsen-Eintopf mit Grießklößchen

50 g Butter
Meersalz, Muskat
2 Eier
100 g Weizengrieß
375 g Möhren
300 g Erbsen
1 l Gemüsebrühe
1 EL Butter
½ Bund Petersilie

Für die Klößchen die Butter mit den Gewürzen in einer Schüssel schaumig rühren. Nach und nach die Eier und dann den Grieß unterrühren. Den Teig 15 Minuten quellen lassen.

Inzwischen Möhren waschen, in Würfel schneiden und zusammen mit den Erbsen 15 Minuten in der Brühe kochen. Vom Grießteig mit 2 Teelöffeln kleine Klößchen abstechen und zu dem Gemüse geben. Etwa 15 Minuten ziehen lassen. Zum Schluß die gehackte Petersilie und die Butter unterziehen.

Zubereitungszeit: 40 Minuten

Möhrenbratlinge

Möhren schaben, waschen, raspeln und mit Zitronensaft beträufeln. Maiskörner mit abgetropftem Quark, saurer Sahne, dem Ei und Grieß vermengen und zugedeckt 1 Stunde quellen lassen. Die Masse würzen, Sonnenblumenkerne und Petersilie untermischen. Etwas Öl erhitzen, eßlöffelweise Teig hineingeben und glattstreichen. Langsam bei schwacher Hitze auf jeder Seite goldbraun braten.

Zubereitungszeit: 25 Minuten
Teig 1 Stunde quellen lassen

300 g Möhren
1 EL Zitronensaft
100 g Maiskörner aus der Dose
200 g Magerquark
3 EL saure Sahne
1 Ei
100 g Weizengrieß
Meersalz, weißer Pfeffer
1 EL gehackte Sonnenblumenkerne
1 EL frisch gehackte Petersilie
Maiskeimöl zum Braten

Möhrentorte

Eigelbe, Wasser und Zuckerrübensirup schaumig schlagen, Salz und Vanillegewürz zufügen. Eiweiß steif schlagen und unter die Eigelbmasse rühren. Feingeriebene Möhren und die restlichen Zutaten unterheben. Bei 175 °C 60 Minuten backen.

Zubereitungszeit: 75 Minuten

5 Eigelb
4 EL heißes Wasser
180 g Zuckerrübensirup
1 Prise Meersalz
1 TL Vanillegewürz
5 Eiweiß
300 g Möhren, fein gerieben
8 EL Semmelbrösel
1 EL Rum
250 g gemahlene Haselnüsse
1 EL Zitronensaft

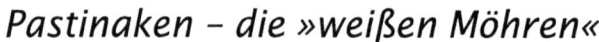

Pastinaken – die »weißen Möhren«

Produkt- und Qualitätsmerkmale

Die Pastinake (oder der Pastinak) ist ein möhrenähnliches Gemüse, hat jedoch eine weiße Farbe. Sie ist sehr reich an Kohlenhydraten und Ballaststoffen und hat eine stark harntreibende Wirkung, die sich in Verbindung mit Zwiebeln und Porree noch verstärkt. Früher wurde sie bei Gicht und Steinleiden eingesetzt.

Verwendung und Zubereitung

Pastinaken enthalten ätherische Öle, die der Pflanze einen angenehmen Duft verleihen. Die Pastinake schmeckt leicht süßlich und kann als Zusatz in Suppen, Soßen und Salaten oder warm zubereitet als Gemüsebeilage, sowohl allein als auch gemischt mit Porree, Möhren, Schwarzwurzeln und/oder Selleriestücken, verwendet werden. Zudem ist sie eine köstliche Beilage zu gebratenem Fleisch, wenn sie wie Kartoffelbrei zubereitet wird.

Pastinaken-Möhren-Rohkost

3 Pastinaken
3–4 Möhren
1 Tasse Kresse
1/8 l Joghurt
2 EL kleingehackte Kräuter, Zitronensaft, Kräutersalz
2 EL Öl

Die Pastinaken und Möhren waschen, schaben, fein raspeln und mit der Kresse vermengen. Aus den restlichen Zutaten eine Marinade herstellen und mit der Rohkost vermischen.

Zubereitungszeit: 10 Minuten

Pastinakenragout

Die Pastinaken säubern, würfeln und ca. 20 Minuten kochen. Die Zwiebeln feinhacken, in Öl kurz anbraten, mit Mehl bestäuben und mit dem Kochwasser der Pastinaken ablöschen und glattrühren. Pastinakenstücke zufügen und würzen.

Zubereitungszeit: 25 Minuten

300 g Pastinaken
1 l Wasser
2 Zwiebeln
2 EL Öl
4 EL Weizenmehl
Kräutersalz, Pfeffer, Muskatnuß, Majoran
1 Schuß Sahne

Pastinakenfrikadellen
mit Rosenkohlgemüse

Pastinaken mit wenig Wasser in 20–30 Minuten weich kochen. Die Zwiebel in Öl anbraten, Hefeflocken darüberstäuben. Pastinaken im Mixer pürieren, mit Ei und Zwiebelgemisch verrühren und mit den Gewürzen abschmecken. Kleine Bratlinge formen und im Fritierkorb in heißem Öl ausbacken. Kurz auf Küchenkrepp abtropfen lassen und warm stellen. Rosenkohl putzen, Butter schmelzen und gehackte Zwiebel darin anbraten. Rosenkohl zugeben und in etwa 20–30 Minuten weich dünsten. Je nach Bedarf ein wenig Wasser zufügen. Salzen, pfeffern und mit Muskat abschmecken. Die Weizensprossen unterziehen, Sahne zugießen und den Schimmelkäse in Flöckchen über das Gemüse verteilen. Deckel aufsetzen und 5 Minuten stehen lassen, bis der Käse geschmolzen ist. Das Gemüse mit den Frikadellen servieren. Mit Petersilie garnieren.

Zubereitungszeit: 50 Minuten

650 g Pastinaken
1 große Zwiebel
1½ EL Maiskeimöl
1 EL Hefeflocken
1 großes Ei
Kräutersalz, Pfeffer, Muskat
Sesamöl zum Fritieren
für das Rosenkohlgemüse:
750 g Rosenkohl
40 g Butter
1 Zwiebel
Meersalz, Pfeffer, Muskat
¾ Tasse gekeimte Weizenkörner
50 ml Sahne
100 g Blauschimmelkäse
1 Bund Petersilie

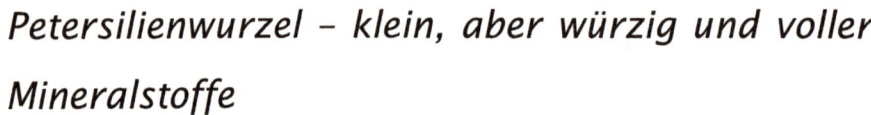

Petersilienwurzel – klein, aber würzig und voller Mineralstoffe

Produkt- und Qualitätsmerkmale

Im Gegensatz zu Schnitt- oder Blattpetersilie, deren Blätter zum Würzen von Suppen, Salaten und Gemüse verwendet werden, kann man die Petersilienwurzel auch als Gemüse zubereiten, ähnlich wie Pastinaken oder Knollensellerie.

Die Petersilienwurzel hat eine fleischige, rübenförmige Hauptwurzel, die ab Oktober geerntet werden kann. Da sie frosthart ist, kann sie bis April frisch aus dem Boden gegraben werden. Die Petersilienwurzel enthält große Mengen Eiweiß und Mineralstoffe. Sie ist reich an Kalium, Kalzium und Eisen sowie an Vitamin C und Niacin. Aufgrund ihres hohen Gehaltes an ätherischen Ölen wirkt die Petersilienwurzel anregend auf den gesamten Stoffwechsel.

Vorsicht ist allerdings während der Blüte geboten; denn in dieser Zeit erhöht sich der Anteil des ätherischen Öls, das in reiner Form abtreibende Wirkung hat. Deshalb sollte die Petersilienwurzel – wie übrigens alle Küchenkräuter bzw. jedes Gemüse – vor der Blüte geerntet und auf keinen Fall in zu großen Mengen konsumiert werden (das gilt besonders für Schwangere).

Verwendung und Zubereitung

Die Petersilienwurzel kann anderen Gemüsearten als Gewürz beigegeben werden, besonders gut paßt sie zu Möhren und Topinambur. Da die Würzkraft nicht so stark ist wie die der Blattpetersilie, braucht man nicht sparsam mit der Wurzel umzugehen. Ihr Geschmack erinnert an Sellerie, weshalb sie auch an dessen Stelle verwendet werden kann. Petersilienwurzel schmeckt sowohl als Rohkost sowie in gekochter Form als Gemüse. Vor der Zubereitung gründlich bürsten.

Petersilienwurzel-Rohkost

Petersilienwurzeln und Möhren raffeln. Sahne und Zitronensaft mischen und untermengen. Geraspelten Topinambur dazugeben.

2–3 Petersilienwurzeln
2 Möhren
5 EL Sahne
2 EL Zitrone
1–2 Topinamburknollen

Zubereitungszeit: 10 Minuten

Geschmorte Petersilienwurzeln

Öl erhitzen und Zwiebeln darin anbraten. Petersilienwurzel in schmale Streifen, Äpfel in Stücke schneiden und beides mitschmoren. Nach etwa 10–15 Minuten Schmorzeit mit den Gewürzen abschmecken und servieren.

4–5 EL Öl
2 Zwiebeln, gewürfelt
4–5 Petersilienwurzeln
2 Äpfel
Kräutersalz, Currypulver

Zubereitungszeit: 20 Minuten

Fischsoße

entweder zu Pellkartoffeln oder Kochfisch

Petersilienwurzeln schälen und in Stücke schneiden. Mit der gewürfelten Zwiebel, den Pimentkörnern und dem halben Lorbeerblatt in kochendem Wasser ca. 15 Minuten kochen. Mehl mit Sahne verrühren und einrühren. Fertige Soße mit Salz, Zucker und Kapern abschmecken.

¼ l Wasser
Petersilienwurzeln (Menge nach Geschmack)
1 Zwiebel
3 Pimentkörner
½ Lorbeerblatt
1 Becher süße Sahne
1 gehäufter EL Mehl
Meersalz, Zucker
1–2 EL Kapern

Zubereitungszeit: 25 Minuten

Rettich (Radi) – eine alte Medizin: »Macht Müde munter, Dumme klüger, Dicke dünner und Magere dicker«

Produkt- und Qualitätsmerkmale

Es ist zu unterscheiden zwischen ovalem bis walzenförmigem, rundem und langem Rettich. Die Außenhaut kann weiß, violett, blau, rot oder schwarzbraun sein, der Kern ist jedoch immer weiß. Schwarzer Rettich schmeckt am schärfsten, die Frühlingsrettiche mit ihrer zarten Färbung sind dagegen milder.

Rettich enthält wertvolle ätherische Öle, die bei Erkrankungen der Atemwege, bei Verdauungsbeschwerden, Gallen- und Leberleiden sowie Stoffwechselstörungen Linderung verschaffen. Sein relativ hoher Gehalt an Kalium unterstützt auch bei Gicht und Rheuma die Entwässerung des Körpers. Vitamin C ist ebenfalls in beträchtlichen Mengen enthalten.

Frische weiße Rettiche aus heimischem Anbau sollten mit gesundem Laub gekauft werden; denn welke, gelbliche Blätter lassen alte Ware erkennen. Winterrettich wird ohne Laub angeboten. Rettiche können wie Radieschen »pelzig« sein, was bedeutet, daß sie relativ wertlos sind. Beim Einkauf sollten Sie generell darauf achten, daß die Wurzeln nicht zu groß sind, einen Mindestdurchmesser von 3 cm sollten sie allerdings haben.

Regional werden im Frühjahr auch sogenannte **Eiszapfen** angeboten. Sie stellen (im Hinblick auf die Festigkeit) eine Zwischenstufe zwischen dem eher weichen Rettich und dem festen Radieschen dar.

Radieschen kommen im Winter ausschließlich aus dem Treibhaus. Beim Einkauf können Sie durch leichtes Drücken prüfen, ob sie pelzig sind. Im Sommer sind Freilandradieschen im Angebot, die nicht so schnell pelzig werden. Die runden, leuchtend roten Sorten werden bevorzugt, rotweiße Sorten werden dagegen

weniger häufig nachgefragt. Im Gegensatz zu Rettich, der 8 Tage frisch bleibt (wenn er nicht zu trocken gelagert wird), sollten Radieschen möglichst schnell verzehrt bzw. höchstens 1–2 Tage im Gemüsefach des Kühlschranks gelagert werden.

Verwendung und Zubereitung

Geschält wird nur der schwarze Rettich. Alle anderen Sorten sollten Sie lediglich unter Wasser sauberbürsten und mit der Schale zerkleinern. Wenn Sie auf die gesunde Wirkung des enthaltenen Senföles und die Schärfe Wert legen, sollten Sie Rettich roh zubereiten und nicht zu lange mit Salz bestreut ziehen lassen. Salzt man Rettich eine halbe Stunde vor dem Verzehr, wird er zarter, verliert aber auch die Schärfe. Beim Erhitzen gehen die ätherischen Öle und damit die Wirkstoffe ebenfalls verloren, und Rettich schmeckt dann so mild wie Kohlrabi. Die mildwürzigen Rettiche sind auch bei täglichem Verzehr gut bekömmlich, während scharfe Sorten von Menschen mit empfindlichem Magen weniger gut vertragen werden.

Rettichrohkost

Rettich waschen, putzen und raffeln. Äpfel grob zerreiben und Käse würfeln. Mit Joghurt, Sahne, Gewürzen und Dill mischen.

Zubereitungszeit: 15 Minuten
30 Minuten kalt stellen

1 weißer oder roter Rettich
(oder 1 Bund Radieschen)
2 Äpfel
150 g Edamer Käse
½ Becher Joghurt
3 EL Sahne
Meersalz, Pfeffer
2 EL gehackter Dill, ½ TL
gemahlener Kümmel

Bei Erkältung, Gallen- oder Leberleiden empfiehlt sich ein

Rettichcocktail

500 g Rettich
2 EL Honig
¼ l Apfelsaft

Rettich waschen, zerkleinern und im Entsafter auspressen. Saft mit Honig und Apfelsaft verquirlen.

Zubereitungszeit: 15 Minuten

Quark à la Tatar

500 g Speisequark (20% Fett)
Meersalz, Pfeffer
1 geriebener Meerrettich
1 Bund Radieschen
¼ Salatgurke
1 kleine gelbe Paprikaschote
1 Bund Schnittlauch
12 Cracker

Quark mit Salz, Pfeffer und Meerrettich würzen. Auf 4 Tellern kuppelartig in der Mitte verteilen, in die Quarkmitte jeweils eine kleine Mulde drücken.
Radieschen putzen, waschen und in feine Stifte schneiden. Salatgurke mit der Schale in kleine Würfel mit einer Kantenlänge von ca. ½ cm teilen. Paprikaschote vierteln, Kerne und Zwischenhäute entfernen und sehr fein hacken. Schnittlauch kleinschneiden.
Paprika in die Quarkmulde geben. Schnittlauch, Radieschen und Gurken in einzelnen Häufchen wie bei einem Tatar um den Quark verteilen. Je 3 Cracker dazulegen.

Zubereitungszeit: 20 Minuten

Radieschensahne mit Bratkartoffeln

Radieschen in feine Scheiben schneiden. Mit Zitronensaft beträufeln, mit Salz bestreuen und durchziehen lassen. Butter zerlassen, die in Scheiben geschnittenen Kartoffeln hineingeben, mit Salz bestreuen und goldbraun braten.

Sahne steif schlagen, mit Salz und Zitronensaft kräftig abschmecken. Abgetropfte Radieschen vorsichtig unterheben.

Röstkartoffeln auf eine vorgewärmte Platte geben und mit Petersilie bestreuen. Die Salatblätter mit einer Mischung aus Essig, Öl und Gewürzen marinieren, die Radieschensahne hineinfüllen, mit Schnittlauch bestreuen und ebenfalls auf der Platte anrichten.

2 Bund Radieschen
Zitronensaft, Meersalz
750 g Pellkartoffeln
(gekocht und geschält)
50 g Butter
¼ l Sahne
1 EL gehackte Petersilie
einige Blätter Kopfsalat
Essig, Öl, Gewürze
1 EL feingeschnittener
Schnittlauch

Zubereitungszeit: 30 Minuten

Rettichröstis

Rettich, Kartoffeln, Zwiebeln und Käse grob raffeln. Mit Eiern und Mehl vermengen, salzen. In reichlich heißem Öl in der Pfanne knusprig ausbacken.

500 g roter oder weißer
Rettich
500 g gekochte Pellkartoffeln, geschält
2 Zwiebeln
200 g Emmentaler Käse
2 Eier
2 EL Mehl
Kräutersalz
Pflanzenöl

Zubereitungszeit: 25 Minuten

Rote Bete – Genuß, der aus der Knolle kommt

Produkt- und Qualitätsmerkmale

Rote Bete (auch »Rote Rübe«, »Salatrübe«, »Rahne« und »Randig« genannt) werden leider nach wie vor überwiegend industriell verarbeitet, während der Frischverzehr nur wenig verbreitet ist. Viele Verbraucher kennen das schöne, rote Gemüse mit dem zarten, erdigen Geschmack nur tafelfertig in einem Aufguß mit Essig, Gewürzen und Kräutern. Das frische Gemüse ist von seiner geschmacklichen Qualität der konservierten Ware jedoch überlegen. Es lassen sich sowohl leckere Rohkostsalate als auch Gemüsegerichte zaubern.
Rote Bete sind nährstoffreich und enthalten neben Kohlenhydraten auch Mineralstoffe, z.B. Natrium, Kalium und Eisen. Wegen ihres Oxalsäuregehaltes sollten rote Bete allerdings nicht in übermäßig großen Mengen verzehrt werden. Leider reichern sie auch viel Nitrat an, besonders wenn ihnen dies durch Düngemittel zugeführt wird. Deshalb sollten Sie möglichst nur biologisch angebaute rote Bete verzehren.

Verwendung und Zubereitung

Bei der Verarbeitung sollten Sie darauf achten, daß Sie die Rüben nicht mit dem Messer vom Laub befreien, sondern den Blattschopf abdrehen (oder mindestens 3 cm über der Knolle abschneiden). Die Knolle wird so vor dem Austrocknen bewahrt. Die ungeschälten, ganzen Knollen werden ca. 1 Stunde in Wasser gekocht – mit der Länge der Lagerung in den Wintermonaten nimmt die Kochzeit zu. Wurzel und Stiele werden nicht entfernt, damit sie nicht ausbluten. Werden die Rüben gleich nach dem Kochen mit kaltem Wasser abgeschreckt, läßt sich die Haut mühelos abziehen. Sie können dann wie in den folgenden Rezepten weiterverarbeitet werden.

Kräuter-Bete-Rohkost

Gemüse mit Feldsalat mischen. Die Zutaten für das Dressing mischen und separat reichen.

Zubereitungszeit: 20 Minuten

Je 250 g geschälte und geraspelte rote Bete, Sellerie und Rettich
100 g Feldsalat
für das Dressing:
2 Becher Joghurt
4 EL Crème fraîche
2 Knoblauchzehen, zerdrückt
Kräutersalz, Pfeffer
je 1 EL gehackte Petersilie, Dill, Kerbel und Schnittlauch

Überbackene rote Bete

Rote Bete schälen, in Streifen schneiden und pikant abschmecken. Senfgurken und Crème fraîche untermischen. Feuerfeste Förmchen gut ausfetten, Rote-Bete-Masse hineingeben, mit Käse bestreuen und bei 200 °C 15–20 Minuten backen.

Zubereitungszeit: 30 Minuten

300 g rote Bete, gekocht
Meersalz, Pfeffer, 1 Prise Zucker
Zitronensaft
100 g kleingeschnittene Senfgurken
4 EL Crème fraîche
20 g Margarine
80 g geriebener Käse

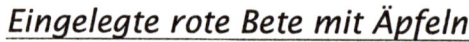

Eingelegte rote Bete mit Äpfeln

500 g rote Bete, gekocht
300 g saure Äpfel
70 g grob geraspelter
Meerrettich
3 Zwiebeln
<u>für die Marinade:</u>
¼ l Obstessig
gut 1/8 l Wasser
2 EL Honig
etwa 1 TL Meersalz
1 Lorbeerblatt
einige Pfeffer- und Senf-
körner

Die gekochten und geschälten rote Bete mit einem Gurkenhobel in Scheiben schneiden oder mit einem Melonenausstecher kleine Kugeln ausstechen. Gewaschene Äpfel und Meerrettich schälen. Äpfel in Scheiben schneiden, Meerrettich grob raspeln. Zwiebeln in Ringe schneiden. Alles in ein Glas schichten. Zutaten für die Marinade aufkochen und kochendheiß darübergießen. Zugedeckt etwa 2 Tage im Kühlschrank ziehen lassen.

Zubereitungszeit: 40 Minuten
2 Tage im Kühlschrank ziehen lassen

Rote-Bete-Gemüse mit Meerrettich

750 g rote Bete
2 Zwiebeln
30 g Butter
Meersalz
¼ l Wasser
3 EL Crème fraîche
1 EL geriebener Meerret-
tich
1 TL Senf
1 Msp. gemahlener Ing-
wer
1 TL Honig

Rote-Bete-Knollen waschen, schälen und mit einem Gurkenhobel in Scheiben schneiden. Die fein gewürfelten Zwiebeln in Butter andünsten und Rote-Bete-Scheiben zufügen. Mit Salz und Wasser etwa 45 Minuten garen. Dann die restlichen Zutaten zugeben, verrühren und abschmecken. 40 Minuten durchziehen lassen. Vor dem Servieren erwärmen.

Zubereitungszeit: 55 Minuten
40 Minuten durchziehen lassen

Vegetarischer Borschtsch

In einem großen Topf Butter auslassen, Zwiebeln und Knoblauch darin anbraten. Zerkleinertes Gemüse zufügen, Essig, Salz, Pfeffer, Paprika, Lorbeerblatt und Senf zugeben und mit 1½ Liter Wasser aufgießen. Zum Kochen bringen, zudecken und die Hitze verringern. Eine gute halbe Stunde köcheln lassen. Mit Tamari abschmecken und mit Petersilie bestreuen. Die saure Sahne wird separat dazu gereicht.

Zubereitungszeit: 50 Minuten

40 g Butter
1 Zwiebel, fein gehackt
1 Knoblauchzehe, zerdrückt
4 rote Bete (ca. 400 g), in feine Stifte geschnitten
300 g Weißkohl, fein gehobelt
100 g Pastinaken, geraspelt
100 g Petersilienwurzel, geschält und geraspelt
100 g Sellerieknolle, geraspelt
4 Tomaten, gehäutet und zerkleinert
4 EL Rotweinessig
1 TL Kräutersalz, 1 TL Pfeffer, ½ TL Delikateß-Paprika
1 Lorbeerblatt
1 TL Senf
1½ l Wasser
1 EL Tamari
2 EL gehackte Petersilie
¼ l saure Sahne

Schwarzwurzeln – der verdauungsanregende »Spargel des Winters«

Produkt- und Qualitätsmerkmale

Schwarzwurzeln werden auch als »Winterspargel« bezeichnet, da Form und Geschmack an Spargel erinnern und die Zubereitung ähnlich ist. Das Aroma der Schwarzwurzeln ist allerdings intensiver und eher nußartig. Bezüglich des Nährwerts weisen Spargel und Schwarzwurzeln große Unterschiede auf. Während Spargel einen sehr geringen Energiewert hat, dafür aber relativ eiweißreich ist, liefern Schwarzwurzeln dreimal soviel Energie und enthalten viele Kohlenhydrate. Erwähnenswert ist das Polysaccharid Inulin, das dieses Gemüse für Diabetiker interessant macht. Schwarzwurzeln haben übrigens von allen heimischen Gemüsearten den höchsten Ballaststoffgehalt, was sich positiv auf die Verdauung auswirkt, und enthalten viele Mineralstoffe, vor allem Eisen. Wie jedes Wurzelgemüse nimmt auch die Schwarzwurzel viele Schadstoffe aus dem Boden auf, weswegen Sie das Angebot aus dem ökologischen Anbau bevorzugen sollten.

Verwendung und Zubereitung

Da das Putzen sehr zeitaufwendig ist und der milchige Saft roh geschälter Schwarzwurzeln die Hände verfärbt, empfiehlt es sich, das Gemüse erst nach dem Kochen zu schälen. Möchten Sie es roh verarbeiten, sollten Sie Gummihandschuhe tragen. Dann das Gemüse unter fließendem Wasser bürsten und schaben und sofort in eine Mischung aus Wasser, Essig und Mehl (1 l Wasser, 4 EL Essig, 2 EL Weizenmehl) oder in Zitronenwasser (1 l Wasser, Saft von 1–2 Zitronen) legen, damit die Stangen sich nicht dunkel färben und schön weiß kochen. Vor dem Garen in ca. 5 cm große Stücke schneiden.

Schwarzwurzeln sind eine schmackhafte Gemüsebeilage, lassen sich aber auch gut überbacken oder als Auflauf zubereiten. Sollen sie als Rohkost verwendet

werden, raffeln Sie sie am besten gleich in die fertige Marinade, um auch hier einer Verfärbung vorzubeugen. Pro Person rechnet man etwa 250 g Schwarzwurzeln. Es empfiehlt sich, beim Einkauf möglichst dicke Stangen auszuwählen; denn diese lassen sich besser schälen und gleichmäßiger garen. Schwarzwurzeln können ohne weiteres einige Tage im Gemüsefach des Kühlschranks aufbewahrt werden.

Schwarzwurzelsalat

Schwarzwurzeln unter fließendem Wasser abbürsten und in mit 2 EL Essig und reichlich Salz versetztem Wasser 15 Minuten garen. Abgießen, kalt abschrecken, die dunklen Schalen abziehen und Schwarzwurzeln in Stücke teilen. Zwiebeln schälen und in dünne Ringe, die abgetropften Gurken und Oliven in Scheiben schneiden. 2 EL Einlegesud der Kapern mit restlichem Essig, Salz, Pfeffer und Öl kräftig verquirlen, die Schwarzwurzeln mit Zwiebeln, Gurken, Oliven und Kapern hineingeben, darin abkühlen und durchziehen lassen. Kräuter grob zerschneiden und den Salat damit garnieren.
Der Salat schmeckt auch lecker zu Brot mit Schinken und Rührei.

500 g Schwarzwurzeln
Meersalz
4 EL Essig
2 rote Zwiebeln
3 kleine Gewürzgurken
6 grüne Oliven (mit Paprika gefüllt)
1 kleines Glas Kapern
weißer Pfeffer
4 EL Öl
je ½ Bund Schnittlauch und Petersilie

Zubereitungszeit: 30 Minuten

Schwarzwurzel-Flan

250 g Schwarzwurzeln
Gemüsebrühe
3 Eier
100 ml Sahne
Meersalz
weißer Pfeffer

Schwarzwurzeln waschen, putzen und in grobe Stücke schneiden. In der Brühe weich kochen. Brühe abgießen und Schwarzwurzeln mit den Eiern und der Sahne im Mixer pürieren, würzen. Masse in gebutterte Förmchen geben. In eine Pfanne soviel Wasser gießen, daß sich eine Wasserschicht von etwa 3 cm Höhe ergibt, und dieses zum Kochen bringen. Die Förmchen hineinstellen, die Pfanne in den Backofen schieben und die Masse etwa 20 Minuten bei 150 °C pochieren, bis sich der Flan fest anfühlt. Hierzu schmeckt eine Soße aus Paprikaschoten.

Zubereitungszeit: 50 Minuten

Gedünstete Schwarzwurzeln mit Haselnußsoße

750 g Schwarzwurzeln
Milch oder Essigwasser
½ l Wasser
1 Gemüsebrühwürfel
Kräutersalz, Pfeffer, Muskat
für die Soße:
1 EL Weizen
50 g gemahlene Haselnüsse
Gemüsebrühe
1 EL Butter
1 EL Hefeflocken
etwas feingehackte Petersilie

Schwarzwurzeln waschen, schälen, in Stücke schneiden und sofort in Milch oder Essigwasser legen, damit sie sich nicht verfärben (siehe oben: »Verwendung und Zubereitung«).
½ Liter Wasser mit dem Gemüsebrühwürfel zum Kochen bringen und das abgetropfte Gemüse 20–30 Minuten garen. Kochwasser abschütten und auffangen, das Gemüse mit den Gewürzen abschmecken und warm stellen.
Für die Haselnußsoße den Weizen fein mahlen und zusammen mit den Haselnüssen in einer Pfanne ohne Fett rösten, bis alles leicht braun ist. Das Gemüsewasser

mit der Brühe auf ½ Liter auffüllen, mit dem Weizen und den Nüssen verrühren und aufkochen lassen. Die Butter unter die Soße ziehen, die Hefeflocken unterrühren, aber die Soße nicht mehr zum Kochen bringen. Die Schwarzwurzeln in die Soße geben und alles mit gehackter Petersilie bestreuen.

Zubereitungszeit: 50 Minuten

Schwarzwurzelauflauf

Schwarzwurzeln waschen, schälen, in Stücke schneiden und 30 Minuten in Salzwasser garen. Abgetropft mit Schinkenwürfeln und Tomatenachteln in eine gebutterte Auflaufform geben.
Eier, Mehl, Sahne und Käse verrühren und über das Gemüse gießen. Im Backofen bei 200 °C 20 Minuten backen.

Zubereitungszeit: 60 Minuten

1 kg Schwarzwurzeln
Kräutersalz
eventuell 200 g gekochter Schinken
2 Tomaten
1 EL Butter
3 Eier
1 EL Weizenvollkornmehl
1 Tasse saure Sahne
3 EL geriebener Käse

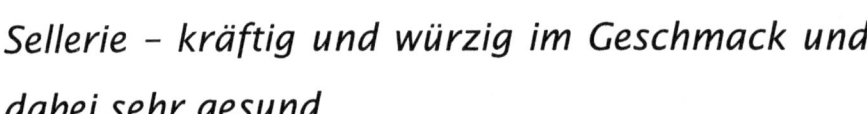

Sellerie – kräftig und würzig im Geschmack und dabei sehr gesund

Produkt- und Qualitätsmerkmale

Man unterscheidet den heimischen Knollen- und Blattsellerie sowie den meist importierten Stangensellerie, von dem die sehr kräftigen, fleischig verdickten Blattstiele gegessen werden. Sellerie – als Knolle und Laub – ist ein unentbehrliches Suppengemüse. Nach altem Volksglauben stärkt Sellerie die Potenz (fest dran glauben, denn Glauben macht stark). Unumstritten ist, daß Sellerie entwässernde Wirkung hat und somit der Entschlackung des Körpers dient. Heilende Wirkung soll Sellerie bei Wassersucht, Rheumatismus, Gicht, Blähungen, Magenschwäche und Appetitlosigkeit haben. Sein typischer Geschmack entsteht durch ätherische Öle. Sellerie ist reich an Mineralstoffen und Spurenelementen, insbesondere Phosphor. Knollensellerie kann ausgereift und ungewaschen in Kellern und Mieten gelagert werden.

Verwendung und Zubereitung

Sellerie zeichnet sich durch einen intensiven Geschmack aus und wird roh und gekocht als Salat oder Gemüse zubereitet. Knollen und Blätter werden zum Würzen verschiedener Speisen benutzt. Bei der Verwendung von Sellerielaub sollten Sie dies vorsichtig dosieren und nur zarte Blätter nehmen, da der Geschmack sonst sehr streng und bitter werden kann. Beim Aufschneiden der rohen Sellerieknollen entstehen häufig rostfarbene, fleckige Verfärbungen des Fleisches, so daß es sich empfiehlt, die Knollen sofort nach dem Zerkleinern mit Zitronensaft oder Essig zu beträufeln und zuzudecken. Soll Sellerie gegart werden, wird am besten die ganze Knolle mit der Schale gekocht (40 - 60 Minuten – je nach Dicke).

Sellerie-Möhren-Rohkost

Den Zitronen- und Orangensaft auspressen. Die Möhren bürsten, Sellerie schälen, beides zusammen mit dem Apfel grob raspeln, mit etwas Zitronensaft beträufeln und mischen. Aus den übrigen Zutaten eine Soße rühren und den Salat damit anmachen.

Zubereitungszeit: 15 Minuten

1 Zitrone
1 Orange
1 kleine Sellerieknolle
400 g Möhren
1 säuerlicher Apfel
250 g Dickmilch
3 EL Sahne
1 EL Obstessig
2 EL gemahlene Nüsse
2 TL Honig
Meersalz
weißer Pfeffer

Gefüllter Staudensellerie – roh

Paprikaschoten in feine Streifen schneiden. Mit Frischkäse, Zwiebeln, Schnittlauch und Mais vermischen und kräftig würzen. Staudensellerie in 6–8 cm lange Stücke schneiden, mit der gewürzten Käsemasse füllen und mit Tomatenvierteln garnieren.

Zubereitungszeit: 15 Minuten

Je 1 grüne und rote Paprikaschote
350 g Frischrahmkäse
2 EL feingehackte Zwiebeln
2 EL gehackter Schnittlauch
100 g Mais
Kräutersalz, Pfeffer
4 Stangen Staudensellerie
2–3 Tomaten

2 weitere Vorschläge für Füllungen:

☞ Hüttenkäse mit Meersalz, Pfeffer, 1 Prise Cayennepfeffer und etwas Orangensaft würzen und feingehackte Walnüsse untermischen
☞ Roquefortkäse mit Butter, etwas Zitronensaft und Sherry vermischen

Gefüllter Staudensellerie – gegart

Pro Person:
1 Sellerieherz (unterer,
dickerer Teil einer Selle-
riestaude)
gekörnte Brühe
für die Füllung:
50 g frischer Spinat
2 Bund Petersilie
Mischung aus halb Was-
ser, halb Öl
2 EL Hirse oder Buchwei-
zen, frisch geschrotet
Muskatblüte
Knoblauch- und Zwiebel-
pulver
Majoran
Hefeextrakt
Kräutersalz
1 Ei
Sahne
etwa 100 g geriebener
Käse zum Überbacken

Sellerieherzen in einem Topf mit Wasser bedecken. Brühe zugeben, kurz aufkochen lassen, auf niedrige Stufe zurückschalten und in 25 Minuten gar kochen.

In der Zwischenzeit Spinat und Petersilie kleinschneiden und in einem Topf in dem Wasser-Öl-Gemisch in 10 Minuten gar dämpfen (nur wenig Flüssigkeit nehmen). Kurz vor Ende der Garzeit Getreide und Gewürze zugeben.

Füllung in einer Schüssel erkalten lassen, das Ei untermischen. Die Sellerieherzen leicht aushöhlen, damit füllen und in eine Auflaufform setzen. Mit Sahne und geriebenem Käse bedecken und 15 Minuten bei 200 °C im Ofen backen.

Zubereitungszeit: 45 Minuten

Selleriepfannkuchen

Sellerie in fingerlange Stücke schneiden, dicke Stiele der Länge nach teilen. In eine tiefe Pfanne geben und mit Gemüsebrühe bedecken, Fett zugeben. Hirse unterrühren, kurz aufkochen lassen und bei geringer Hitze garen. Währenddessen Eier mit den Gewürzen verschlagen und über das gare Gemüse gießen. Pfanne zudecken und nochmals kurz aufkochen lassen, bis das Ei geronnen ist. Dazu Rohkost servieren.

Zubereitungszeit: 30 Minuten

2 dicke Selleriestangen
Gemüsebrühe
½ Tasse Öl oder Butter
2 EL frisch gemahlene Hirse
2 Eier
etwas Tartex
viel Curry
etwas Zwiebelpulver, Muskatblüte
Rosmarin und Piment
reichlich Majoran und Kräutersalz

Sellerieschnitzel mit Tomatensoße

Sellerieknollen in Salzwasser fast weich kochen, schälen, die Knollen in Scheiben schneiden, mit Meersalz und Pfeffer würzen und mit Zitronensaft beträufeln. Jeweils zwischen zwei Selleriescheiben eine Käsescheibe legen.
Sellerieschnitzel mit Zahnstochern zusammenstecken, durch die verschlagenen Eier ziehen, in Bröseln wenden und in heißem Butterschmalz von beiden Seiten goldbraun backen. Für die Soße die Tomaten abziehen, zerkleinern, mit etwas Wasser zum Kochen bringen und leise köcheln lassen, bis eine sämige Soße entstanden ist. Öl, Salz und Gewürze zugeben, mit Honig und Senf pikant abschmecken. Dazu Salzkartoffeln.

Zubereitungszeit: 55 Minuten

2 Sellerieknollen
Meersalz
weißer Pfeffer
Zitronensaft
200 g Käse in Scheiben
2 Eier
Vollkorn-Semmelbrösel
Butterschmalz
für die Soße:
750 g reife Tomaten
4 EL Öl
Meersalz, weißer Pfeffer
1 TL Oregano
1 Prise Paprika edelsüß
1 TL Honig 1 TL scharfer Senf

Steckrüben – das Vitamin-C-reiche Frischgemüse im Winter

Produkt- und Qualitätsmerkmale

Die Steckrübe galt früher als Nahrungsmittel für Notzeiten und wurde deshalb viele Jahre kaum noch nachgefragt. Sie gewinnt jedoch in jüngster Zeit zu Recht wieder an Bedeutung. Die Steckrübe, auch »Kohlrübe« genannt, enthält nach Kohlrabi das meiste Vitamin C unter den Wurzel-und Knollengemüsen. Auch andere Vitamine und Mineralstoffe sind reichlich enthalten. Steckrüben sind gut verdaulich, sogar leicht abführend. Zudem wirken sie einer Magenübersäuerung entgegen. Steckrüben sind weiß- oder gelbfleischig, wobei letztere als Gemüse bevorzugt werden. Eine wirkliche Delikatesse stellen Teltower Rübchen dar, eine kleine Kohlrübenart. Sie sind weiß oder goldgelb und besonders zart und würzig im Geschmack.

Verwendung und Zubereitung

Aus Steckrüben läßt sich ein besonders preiswertes und deftig-leckeres Essen herstellen. Neben dem bekannten Steckrübeneintopf mit Pökel-/Räucherfleisch gibt es auch eine Vielzahl vegetarischer Zubereitungsarten. Steckrüben eignen sich sowohl als Rohkost wie auch für Suppen, Aufläufe, als Gemüse, Beilagen usw. Hier einige Kostproben:

Steckrübensalat

Den Porree waschen und sehr fein schneiden. Eine Soße aus Öl, Essig, feingeschnittenem Porree und Salz zubereiten. Die Steckrübe dünn schälen, waschen, raspeln und sofort mit der Soße vermischen.

1 kleine Porreestange
4 EL Öl
2 EL Essig
1 Prise Salz
ca. 200 g Steckrübe

Zubereitungszeit: 15 Minuten

Steckrübenauflauf mit Meerrettichsoße

Steckrüben schälen, waschen und in Würfel schneiden. ¼ Liter Salzwasser zum Kochen bringen und die Steckrüben in 15–20 Minuten darin garen. Das Kochwasser abgießen und für die Soße auffangen. Steckrübenwürfel in eine gefettete Auflaufform geben. Sahne, Honig und Eier verquirlen und würzen. Die Sahnemasse über die Steckrüben gießen, mit Haselnüssen und Butterflöckchen belegen. Bei 200 °C im Backofen ca. 20 min backen. Für die Soße das Steckrübenwasser mit Milch wieder auf ½ Liter auffüllen, den Weizen unterrühren und aufkochen. Die Soße vom Herd nehmen, saure Sahne, Zitronensaft und Meerrettich unterziehen und mit Kräutersalz und Curry abschmecken.

750 g Steckrüben
¼ l Wasser
1 TL Salz
Öl zum Ausfetten
1/8 l Sahne
1 EL Honig
2 Eier
Muskatnuß, Pfeffer, Kräutersalz
blättrig geschnittene Haselnüsse
einige Butterflöckchen
für die Meerrettichsoße:
2–3 EL feingemahlener Weizen
Milch
3 EL saure Sahne
2 EL Zitronensaft
2 EL frisch geriebener Meerrettich
Kräutersalz
Curry

Zubereitungszeit: 50 Minuten

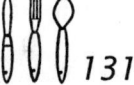

Teltower-Rübchen-Gratin mit Brokkoli

750 g Teltower Rübchen
500 g Brokkoli
3/8 l Gemüsebrühe
1/8 l trockener Weißwein
¼ l saure Sahne
100 g geriebener Käse
(z.B. Emmentaler)
3 Eier
1 Msp. Muskat
Meersalz
weißer Pfeffer
Butter für die Form

Rübchen schälen, waschen, halbieren und in dicke Scheiben schneiden. Brokkolistiele dünn schälen, halbieren, die Röschen von den Stielen trennen. ¼ Liter Gemüsebrühe zum Kochen bringen und Rübchen darin 20 Minuten garen. Restliche Brühe mit Wein mischen, aufkochen lassen und die Brokkolistiele darin 5 Minuten kochen, die Röschen zufügen und weitere 3 Minuten kochen lassen. Geriebenen Käse, Eier, Muskat, Salz, Pfeffer unter die saure Sahne mischen. Das Gemüse in die gefettete Auflaufform schichten und die Käsecreme darübergießen. Im Backofen auf mittlerer Schiene bei 200 °C 25 Minuten backen, bis der Auflauf eine goldgelbe Kruste hat.

Die Gemüseflüssigkeit kann als Basis für eine Cremesuppe verwendet werden.

Zubereitungszeit: 55 Minuten

Topinambur – die Sonnenblume, die ein Gemüse ist

Produkt- und Qualitätsmerkmale

Botanisch gesehen ist Topinambur eine Sonnenblume mit hübschen, gelben Blüten, deren unterirdische Knollen eßbar sind. Topinambur enthält bis zu 20 Prozent des stärkehaltigen Kohlenhydrats Inulin (am höchsten ist der Anteil gegen Ende der Erntezeit), was die Knolle zu einem gesundheitlich wertvollen Wintergemüse macht. Inulin wirkt darmfüllend und sättigend, auch leicht abführend. Topinambur enthält zudem zahlreiche Vitamine (z.B. Karotin), Aufbaustoffe (u.a. sehr viel Fruchtzucker), Kalk und Kieselsäure. In zu großen Mengen roh genossen, können die Knollen zu Blähungen führen. Der Geschmack erinnert an Nuß und Artischocke. Topinambur wird von Ende Oktober bis April geerntet. Er ist frosthart und bleibt in der Erde frisch.

Verwendung und Zubereitung

Einmal geerntet, schrumpeln die Topinamburknollen so schnell, daß sie sich nach dem Einkauf maximal 2–4 Tage im Kühlschrank halten, aber auch nur dann, wenn sie in ein feuchtes Tuch gewickelt und so in einer Frischhaltetüte gelagert werden. Die Knolle, die der Kartoffel ähnelt, wird im Unterschied zu dieser im allgemeinen mit der Garflüssigkeit zubereitet, wie Blumenkohl oder Spargel. Die Knollen vorher gut waschen, eventuell bürsten. Topinambur kann sowohl roh als auch gekocht gegessen werden. Er läßt sich besser pellen als schälen, die Haut muß jedoch nicht unbedingt entfernt werden. Bei der Zerkleinerung dunkelt die Knolle ähnlich wie die Schwarzwurzel nach, deshalb etwas Zitronensaft oder Essig ins Auffangwasser geben. Topinambur kann ungeschält roh wie ein Apfel gegessen werden und geraspelt als Salat oder Beilage zu Brot. Als Gemüsebeilage läßt er sich vielfältig verarbeiten, und sogar im Kuchen findet er Verwendung.

Topinambur-Rohkost

3 EL Öl
6 EL Quark
1 Schuß Wasser
1 Zwiebel
4 Knollen Topinambur
2 Wintermöhren
1 Birne

Aus Öl, Quark, Wasser und feingehackter Zwiebel eine Soße bereiten. Topinambur und Möhren waschen, fein raspeln und sofort mit der Soße vermengen. Birne waschen, in Würfel schneiden und zum Schluß mit dem Salat vermischen.

Zubereitungszeit: 15 Minuten

Topinamburgemüse

10–20 Topinamburknollen
Petersilie, Zwiebelröllchen, Knoblauchspitzen
40 g Butter
¼ l Wasser
1–2 EL Weizenvollkornmehl
Kräutersalz, Pfeffer

Knollen in dünne Scheiben schneiden, mit den Kräutern in der Butter dünsten, mit etwas Wasser ablöschen und zugedeckt 10 Minuten garen. Das Mehl darübersieben, Wasser dazugeben, würzen und ca. 5 Minuten garen.

Zubereitungszeit: 25 Minuten

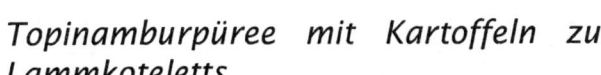

Topinamburpüree mit Kartoffeln zu Lammkoteletts

Topinamburknollen und Kartoffeln schälen, in grobe Stücke schneiden. Kartoffeln in Salzwasser 5 Minuten garen, dann die Topinamburstücke dazugeben, weitere 15 Minuten kochen. Inzwischen Zwiebeln in feine Ringe schneiden und im heißen Öl goldbraun rösten. Das Gemüse abgießen und durch die Kartoffelpresse drücken. Butter und Crème fraîche unter den Brei rühren und würzen. Das Püree vor dem Servieren mit Petersilie und Röstzwiebeln bestreuen.

Knoblauch in grobe Stücke teilen mit dem Schneidstab des Handrührers in 7 EL Öl pürieren, mit Pfeffer und Zitronensaft würzen. Die Lammkoteletts mit der Marinade einreiben, zudecken und die Marinade 1–2 Stunden einziehen lassen. Das restliche Öl in einer Pfanne erhitzen. Die Lammkoteletts darin von beiden Seiten je 2–3 Minuten scharf braten, hinterher salzen und zum Topinamburpüree servieren.

Für 6 Portionen:
1 kg Topinamburknollen
600 g Kartoffeln (mehlig kochende Sorte)
3 Zwiebeln
2 EL Öl
10 g Butter
1½ EL Crème fraîche
schwarzer Pfeffer, Meersalz
1 Bund glatte Petersilie, fein gehackt
3–4 Knoblauchzehen
8 EL Olivenöl
grobgemahlener schwarzer Pfeffer
2 EL Zitronensaft
6 Lammkoteletts à 150 g (vom Schlachter in der Mitte geteilt)

Zubereitungszeit: 60 Minuten
Koteletts: die Marinade 1–2 Stunden einziehen lassen

Topinamburpuffer mit Apfelquark

1 kg Topinamburknollen
1 gewürfelte Zwiebel
(50 g)
70 g Sonnenblumenkerne
2 Eigelb
3 EL Weizenvollkornmehl
Meersalz, frisch gemahle-
ner schwarzer Pfeffer
2 säuerliche Äpfel (450 g)
4 EL Zitronensaft
250 g Sahnequark
10 EL Öl

Die Topinamburknollen schälen, grob raspeln und mit Zwiebelwürfeln, 50 g Sonnenblumenkernen, Eigelb und Mehl mischen. Den Teig mit Salz und Pfeffer würzen. Die restlichen Sonnenblumenkerne in einer Pfanne ohne Fett kurz rösten und beiseite stellen. Die Äpfel waschen, vierteln und entkernen. Einen Apfel fein würfeln, mit 1 EL Zitronensaft beträufeln. Den zweiten Apfel in schmale Spalten schneiden, auch mit 1 EL Zitronensaft beträufeln, dann zudecken und beiseite stellen. Den Quark mit dem restlichen Zitronensaft glattrühren, die Apfelwürfel unterrühren. Den Apfelquark kalt stellen. Je 1–2 EL Öl in einer großen Pfanne erhitzen. Den Pufferteig mit einem Eßlöffel portionsweise in die Pfanne setzen und etwas auseinanderstreichen. Die Puffer bei mittlerer Hitze von beiden Seiten goldbraun braten, anschließend auf Küchenkrepp abtropfen lassen und bei 50 °C im Backofen warm halten. Beim Anrichten je 3 Puffer auf einen Teller geben, den Apfelquark in die Mitte setzen, mit den Apfelspalten garnieren und mit gerösteten Sonnenblumenkernen bestreuen.

Zubereitungszeit: 50 Minuten

Zwiebelgemüse

Porree (Lauch) – »der Spargel des armen Mannes«

Produkt- und Qualitätsmerkmale

Porree (Lauch) ist ein wertvolles Gemüse, das das ganze Jahr über erhältlich ist. Die ersten Angebote aus frischer Ernte kommen im Juni/Juli auf den Markt, wobei es sich um recht dünne Stangen handelt. Für Herbst- und Winterporree sind kräftige Stangen typisch. Porree enthält viel Eiweiß und Mineralstoffe, vor allem Kalzium, sowie schwefelhaltige Aromastoffe. Er ist Würz- und Heilnahrung zugleich; denn seine Inhaltsstoffe wirken positiv auf Magen und Darm sowie auf das Leber- und Nervensystem. Für Menschen mit Magen- und Darmbeschwerden sind vor allem Kombinationen aus Porree und Kartoffelpüree oder Porree und Gerstengerichten empfehlenswert.

Verwendung und Zubereitung

Zunächst werden die schlechten äußeren grünen Blätter entfernt und die schlechten Spitzen abgeschnitten. Dann teilt man die Porreestangen der Länge nach, so daß sich der Sand am grünen Blattansatz gut abwaschen läßt. Die Verwendungsmöglichkeiten von Porree für Gemüsegerichte, Suppen und Salate sowie zum Würzen von Speisen und Soßen sind vielfältig.

Porreesalat

2 Hähnchenbrustfilets
Butter zum Braten
Meersalz, Pfeffer
5 Stangen Porree
1 kleine Dose Ananas in
Stücken
Ananassaft nach Belieben
4 EL Mayonnaise
125 g Crème fraîche
Curry

Hähnchenbrustfilets in Streifen schneiden, in Butter kurz garen, würzen und aus der Pfanne nehmen. Porree putzen, gut waschen und in hauchdünne Ringe schneiden. Im verbliebenen Bratfett leicht dünsten und erkalten lassen.

Für die Marinade Mayonnaise, Crème fraîche und Ananassaft verrühren und mit Curry pikant abschmecken. Mit Ananasstücken und den anderen Zutaten mischen und zugedeckt im Kühlschrank mindestens 1 Stunde durchziehen lassen.

Zubereitungszeit: 25 Minuten
1 Stunde durchziehen lassen

Currygemüse

250 g Porree
1 EL Butter
etwas Wasser
1–2 EL Curry
etwas Salz
2 Bananen
1 Glas Bohnenkeime (ca.
175 g)
2 EL Zitronensaft
150 g Sahnejoghurt

Porree putzen, gut waschen und in Scheiben schneiden. In Butter andünsten, Wasser und Gewürze zugeben und im geschlossenen Topf 5 Minuten garen. Bananen schälen, in Scheiben schneiden, zugeben. Bohnenkeime abspülen, abtropfen lassen und ebenfalls zufügen. So lange ziehen lassen, bis die Keime heiß sind. Mit Zitronensaft abschmecken, Joghurt glattrühren und dazu servieren.

Zubereitungszeit: 20 Minuten

Vollkornquiche mit Porree

Aus den oben genannten Zutaten einen Knetteig herstellen und 30 Minuten ruhen lassen. Gewaschenen Porree in Scheiben, Zwiebeln in Streifen schneiden, beides in Olivenöl andünsten. Milch mit Eiern und Gewürzen verrühren, mit Porree und Zwiebeln mischen.
Teig ausrollen, in eine Springform geben, einen 2 cm hohen Rand formen. Teig mit Gabel einstechen, bei 175 °C 10–15 Minuten ohne Belag backen. Füllung auf Mürbeteig verteilen, bei 175 °C weitere 25–30 Minuten backen. 10 Minuten vor Ende der Backzeit mit Käse bestreuen.

Zubereitungszeit: 60 Minuten

Für den Teig:
125 g feines Vollkornmehl
60 g Butter
1 Prise Salz
1–3 EL Wasser
1 Ei
für die Füllung:
600 g Porree
100 g Zwiebeln
2 EL Olivenöl
600 ml Milch
6 Eier
Meersalz, Pfeffer, Muskatnuß
Butter zum Ausfetten
60 g geriebener Emmentaler

Porreeauflauf mit Schafskäse

Hirse in ½ Liter Wasser 5 Std. einweichen; danach im Einweichwasser 20 Minuten bei schwacher Hitze kochen lassen. Porree in Ringe schneiden und in Butter andünsten. Tomaten und Oliven in Stücke schneiden. Saure Sahne mit Eigelb verquirlen und mit dem Porree unter die Hirse mischen. Den Brei mit Salz, Pfeffer und Thymian würzen und mit der Tomaten-Oliven-Mischung und zerbröckeltem Schafskäse in eine gut gebutterte Auflaufform schichten. Mit Käse abschließen. Bei 200 °C 20 Minuten überbacken.

Zubereitungszeit: 55 Minuten
Hirse 5 Stunden einweichen

200 g Hirse
3 Stangen Porree
1 EL Butter
250 g Tomaten, gehäutet und entkernt
10 Oliven
1 Becher saure Sahne (100 g)
2 Eigelb
Meersalz, schwarzer Pfeffer
1 TL Thymian
200 g Schafskäse
Butter zum Einfetten

Die Zwiebel – die heimliche Königin der Küche

Produkt- und Qualitätsmerkmale

Zwiebeln werden das ganze Jahr über angeboten. Es gibt verschiedene Sorten, wobei die haltbare Küchenzwiebel die größte Bedeutung hat. Von April bis August sind Frühlingszwiebeln mit grünem Laub (»Zwiebellauch«) im Angebot. Würziger und pikanter als die Küchenzwiebel ist die kleine, sehr haltbare Schalotte, eine beliebte Zutat zum Würzen von Soßen, Fleisch und Fisch. Die kleine Silberzwiebel schmeckt mild und ist eine typische Einmachzwiebel. Einen sehr milden Geschmack hat auch die große Gemüsezwiebel, die nicht nur häufig wie Gemüse zubereitet, sondern auch für Salate, Zwiebelsuppen und Zwiebelkuchen verwendet wird. Zwiebeln müssen trocken und dunkel gelagert werden (empfehlenswert sind 6–10 °C), da sie sonst schnell zu keimen beginnen.
Die Zwiebel ist eine der ältesten Heilpflanzen. Neben einem relativ hohen Fluorgehalt wurden vor allem schwefelhaltige Substanzen nachgewiesen. Darunter ist ein Stoff, der antibiotische Wirkung hat und somit die Abwehrbereitschaft des Organismus stärkt. Diese Substanz wirkt nur, wenn die Zwiebel roh verzehrt wird. Zwiebeln wirken blutreinigend, appetitanregend, nervenstärkend, verdauungsfördernd, schleimlösend, wurmtreibend, krampflösend und entzündungshemmend.

Verwendung und Zubereitung

Geschält, in Ringe oder Würfel geschnitten, werden Zwiebeln roh gegessen, z.B. auf belegten Broten, in Salaten, angemachtem Käse, Tatar, zu Wurst, Fleisch und Fisch. Sie können gekocht, gedünstet, gebacken, gebraten, geröstet und fritiert werden. Der typische Zwiebelgeschmack stammt von den schwefelhaltigen Aromastoffen, die beim Zerkleinern frei werden und uns allen als »Tränengas« bekannt sind. Zwiebeln sollten nicht unter fließendem Wasser geschnitten werden; denn dadurch gehen viele Inhaltsstoffe verloren.

Zwiebelmilch

Milch erhitzen, feingeschnittene Zwiebel sowie Weizen- oder Gerstenflocken dazugeben und mit 1 Prise Meersalz würzen.

Zubereitungszeit: 5 Minuten

Pro Person:
1 Tasse Milch
1 kleine Zwiebel
1 EL Weizen- oder
Gerstenflocken
1 Prise Meersalz

Zwiebelbutter (als Brotaufstrich)

Zwiebellauch oder Frühlingszwiebeln, Schnittlauch und Petersilie feinhacken. 1 Prise Meersalz darüberstreuen und alles gut mit der Butter verkneten.

Zubereitungszeit: 10 Minuten

3–4 EL Zwiebellauch
oder 2–3 junge Frühlings-
zwiebeln
1 EL Schnittlauch
1 EL Petersilie
1 Prise Meersalz
250 g Butter

Fritierte Zwiebelringe

Zwiebeln schälen und in dicke Ringe schneiden. Mehl mit zerlassener Butter, Bier/Weißwein und Gewürzen gut verquirlen. 40 Minuten ruhen lassen. Eiweiß schnittfest schlagen und unterheben. Zwiebelringe dünn mit Mehl bestäuben, durch den Teig ziehen und in heißem Fett goldgelb ausbacken. Mit Kümmel, Käse oder Petersilie bestreuen.

Zubereitungszeit: 20 Minuten
Teig 40 Minuten ruhen lassen

500 g Gemüsezwiebeln
125 g Weizenmehl
1 EL Butter
1 Tasse Bier oder Weiß-
wein
Meersalz und Pfeffer
2 Eiweiß
etwas Weizenmehl
Fritierfett
gemahlener Kümmel, ge-
riebener Käse oder ge-
hackte Petersilie

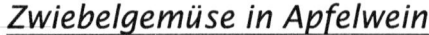

Zwiebelgemüse in Apfelwein

750 g Frühlingszwiebeln
200 g magerer Räucher-
speck
Meersalz
Pfeffer
Apfelwein
gehackte Petersilie

Lauchzwiebeln putzen, das Grün um die Hälfte reduzieren, waschen und Zwiebeln halbieren. Räucherspeck würfeln und bei milder Hitze ausbraten. Grieben herausnehmen. Zwiebeln im Speckfett unter Wenden zart bräunen, würzen. Soviel Apfelwein zugießen, daß die Zwiebeln zur Hälfte in der Flüssigkeit liegen, aufkochen. Bei milder Hitze dünsten, bis die Zwiebeln eben weich sind. Herausnehmen, Flüssigkeit kräftig einkochen und Zwiebeln wieder zugeben. Mit den Grieben und gehackter Petersilie bestreut servieren.

Zubereitungszeit: 30 Minuten

Gefüllte Zwiebeln

4 große Gemüsezwiebeln,
geschält
½ l Gemüsebrühe
¼ l trockener Weißwein
2 EL Butter
4 EL geschroteter Weizen
150 g Crème fraîche
1 Ei
2 EL gehackte Kürbiskerne
1 EL Kapern
1 Handvoll Kerbel
500 g Fleischtomaten
je ½ TL Oregano, Thymian
Meersalz, Pfeffer
1 EL Olivenöl
50 g geriebener Parmesan

Von den Zwiebeln den Deckel abschneiden und das Innere aushöhlen. Die ausgehöhlten Zwiebeln in eine Auflaufform setzen. ¼ Liter Gemüsebrühe mit dem Wein mischen, in und um die Zwiebeln gießen und diese im Backofen bei 225 °C in 30 Minuten garen; nach 15 Minuten umdrehen und mit 1 EL Butter in Flöckchen bedecken.
Weizenschrot in der übrigen Brühe 10 Minuten kochen und 20 Minuten auf der ausgeschalteten Herdplatte quellen lassen Zwiebeldeckel und das Zwiebelinnere feinhacken und in 1 EL Butter andünsten. Die Hälfte davon mit abgekühltem Getreidebrei und Crème fraîche, Ei, Kürbiskernen, Kapern und kleingezupftem Kerbel mischen. Die Tomaten häuten, würfeln, mit Ore-

gano, Thymian, Salz und Pfeffer würzen, mit den übrigen Zwiebelstückchen in Öl andünsten und in eine Auflaufform geben. Zwiebeln mit Getreidemasse füllen, in die Tomatenmasse setzen, mit Parmesan bestreuen. Im Backofen bei 200 °C 30 Minuten überbacken.

Zubereitungszeit: 80 Minuten

Zwiebelkuchen

Die Zutaten für den Teig in einer Schüssel mit den Händen verkneten, so daß eine feste Masse entsteht. Einige Stunden kühl (nicht im Kühlschrank) ruhen lassen. Dann auf einem Backblech dünn ausrollen und rundum einen Rand hochziehen.

Die Zwiebeln in dünne Scheiben schneiden und im Öl bei milder Hitze glasig dünsten. Salzen, pfeffern, mit den Fenchelsamen und 1 EL Mehl bestreuen. Die Milch angießen und einige Minuten köcheln lassen, bis sie cremig eindickt. Die Eier mit der Sahne und einer Prise Salz verquirlen und in die Zwiebelcreme einrühren. Die Creme auf den Teig geben und den Kuchen bei mäßiger Hitze etwa 45 Minuten auf der mittleren Schiene backen. Aus der Form nehmen und mit der Petersilie bestreuen. Den Zwiebelkuchen vor dem Servieren kurz auskühlen lassen.

Für den Mürbeteig:
500 g Vollkornweizenmehl
250 g Butter
2 Eigelb
Meersalz
etwas Wasser
für den Belag:
½ kg Zwiebeln
2 EL Öl
Meersalz und Pfeffer
1 Prise Fenchelsamen
1 EL Mehl
¼ l Milch
3 Eier
¼ l Sahne
2 EL gehackte Petersilie

Zubereitungszeit: 80 Minuten
Teig einige Stunden kühl stellen

Sonstiges

Spargel – schmeichelt dem Gaumen

Produkt- und Qualitätsmerkmale

Spargel ist eines der leichtesten Gemüse: 100 g enthalten nur 15 Kalorien (etwa 60 Joule). Trotz der geringen Energiemenge ist Spargel relativ eiweißreich und enthält viel Vitamin B, besonders Niacin. Die in ihm enthaltenen Stoffe regen den Stoffwechsel an. Sein Gehalt an Kalium und Asparaginsäure hat ihm den Beinamen »Polizist der Niere« eingetragen; denn durch diese Stoffe wird die Ausscheidung von Schlacken und Giftstoffen gefördert. Spargel ist empfehlenswert für Diabetiker, bei Nieren- und Herzleiden, Wasser-, Fettsucht und Darmträgheit.

Weißer Spargel wird immer ein teures Gemüse bleiben, weil der Anbau sehr arbeits- und damit kostenintensiv ist. Die heimische Spargelsaison ist festgelegt auf Mitte April bis zum 24. Juni . Dieser frühe Ernteschluß ist erforderlich, damit sich noch viele (besonders schmackhafte) grüne Triebe entwickeln können.

Man unterscheidet Spargelsorten mit runden und spitzen Köpfen. Neben weißen Sorten gibt es auch grünen, blauen und violetten Spargel. Beim Anbau von grünem Spargel wird nicht angehäufelt, so daß die Triebe ans Tageslicht gelangen und sich grün färben. Grüner Spargel ist eher würzig und schmeckt nicht so fein wie der weiße, und er hat einen höheren Vitamin-C-Gehalt. Wegen des geringeren Arbeitsaufwandes ist er preiswerter.

Besonders zart und aromatisch ist Spargel an oder nach warmen Tagen, da die Pflanze viel Wärme benötigt. Frischen Spargel erkennen Sie daran, daß seine Köpfe fest und geschlossen und die Schnittflächen noch saftig sind, also nicht grau und eingetrocknet. Da Frischspargel bei unsachgemäßer Aufbewahrung sehr schnell an Qualität einbüßt, sollte er ungeschält und feucht eingewickelt im Gemüsefach des Kühlschranks (nicht länger als 4 Tage) aufbewahrt werden. Zum

Einfrieren werden die Stangen geschält und ohne vorheriges Blanchieren in Alufolie oder Folienbeutel verpackt. So können sie bis zu 6 Monaten gelagert werden. Der Spargel verliert dabei allerdings an Geschmack.

Verwendung und Zubereitung

Für eine Spargelmahlzeit rechnet man bis zu 500 g pro Person, als Gemüsebeilage reichen ca. 250 g. Spargel wird immer von oben nach unten geschält. Dabei setzt man unterhalb des Kopfes an, damit dieser nicht beschädigt wird, und schneidet die holzigen Enden ab. Sowohl die Schalen als auch die Enden können zum Auskochen für Suppen weiterverarbeitet werden. Gekocht wird der Spargel am besten portionsweise gebündelt. Beim aufrechten Kochen zeigen die Köpfe nach oben. Das Kochwasser wird leicht gesalzen, eine Prise Zucker und ein Teelöffel Butter verstärken das Aroma.

Legierte Spargel-Avocado-Suppe

Spargel waschen, schälen und die Enden abschneiden. Schalen und Enden kurz unter kaltem Wasser abbrausen und in 1 Liter Salzwasser mit etwas Zucker und Butter 20 Minuten kochen, dann abseihen. Den Spargel in Stücke schneiden und im Sud 10 Minuten kochen. Hirse-Vollkornmehl mit etwas kaltem Wasser glattrühren und die Suppe damit andicken. Schinkenwürfel zufügen. Das Eigelb mit der Sahne verrühren und zusammen mit dem Zitronensaft einrühren. Die Avocado schälen, in Würfel schneiden und in der Suppe erwärmen. Abschmecken und mit Kerbel bestreut servieren.

300 g Spargel
1 l Wasser
Meersalz, etwas Zucker
20 g Butter
1 EL Hirse-Vollkornmehl
120 g gekochter Schin-ken, in Würfeln
1 Eigelb
40 ml Sahne
Zitronensaft
1 Avocado
Kerbel

Zubereitungszeit: 55 Minuten

Spargelgemüse in Mandarinensoße

1½ kg Spargel
Meersalz, etwas Zucker,
Muskat
15 g Butter
½ Dose Mandarinen
für die Soße:
1 EL Wasser
1 EL Zitronensaft
2 EL Orangensaft
abgeriebene Schale einer
unbehandelten Orange
Meersalz, Muskat
2 Eigelb
¼ TL Speisestärke
125 g weiche Butter
20 g Mandelblättchen
10 g Butter

Spargel waschen, schälen und in fingerlange Stücke schneiden. Mit Gewürzen und Butter in wenig Wasser 20 Minuten dünsten.

Mandarinen abtropfen lassen. Für die Soße Wasser, Zitronen-und Orangensaft, Orangenschalen (vorsichtig dosieren), Gewürze, Eigelb und Speisestärke im Wasserbad schaumig schlagen. Dann stückchenweise die weiche Butter unterschlagen. Die Masse so lange weiterschlagen, bis sie aufsteigt. Sie darf jedoch nicht kochen, da sie dann gerinnt.

Nun den heißen Spargel und die in Stückchen geschnittenen Mandarinen in eine vorgewärmte Schüssel geben und die Soße darübergießen. Mit in Butter gebräunten Mandelblättchen bestreuen. Dazu z.B. Naturreis.

Zubereitungszeit: 50 Minuten

Gefüllte Spargelpfannkuchen, gratiniert

Zunächst aus den Zutaten für den Teig zwei dünne Eierpfannkuchen backen, in eine Auflaufform gleiten lassen und den Spargel hineinschichten (die Pfannkuchen sollten so groß sein, daß man den Spargel darin einwickeln kann, s.u.).

Für die Soße Butter schmelzen, Mehl darin anschwitzen. Unter ständigem Rühren nach und nach den Spargelsud dazugießen und Soße kurz aufkochen. Eigelb und Sahne verquirlen und untermischen. Nicht mehr kochen. Mit Salz, Zucker und Zitronensaft würzen. Soße über den Spargel gießen. Die überlappenden Pfannkuchenränder über dem Spargel zusammenschlagen und darauf die mit Zwiebelwürfeln gedünsteten und gewürzten Tomatenwürfel verteilen. Mit feingeriebenem Emmentaler bestreut und mit Butterflöckchen belegt im Backofen bei 200 °C 15 Minuten gratinieren.

Zubereitungszeit: 75 Minuten

Für den Pfannkuchenteig:
2 Eier
2 EL Weizenvollkornmehl
6 EL Wasser oder Mineralwasser
Butter zum Ausbacken
für die Füllung:
2 kg gekochter Spargel
1–2 EL Butter
2 EL Weizenvollkornmehl
¼ l Spargelsud
1 Eigelb
2 EL Sahne
etwas Zitronensaft
je eine Prise Meersalz und Zucker
1 kleine Zwiebel
3 Fleischtomaten, gehäutet und entkernt
Meersalz, Pfeffer
100 g geriebener Emmentaler
Butter

Spargel mit Sauce Hollandaise

2 kg Spargel
½ l Wasser
Meersalz, etwas Zucker
1 TL Butter
<u>*für die Soße:*</u>
2 Eigelb
Meersalz
Zitronensaf
250 g Butter
gehackte Petersilie

Spargel waschen und schälen. Salz, Zucker und Butter ins Wasser geben und Spargel etwa 20 Minuten darin garen. Für die Soße Eigelb mit Salz und Zitronensaft würzen und über dem Wasserbad schnell verrühren. Butter portionsweise zugeben und ebenfalls schnell verrühren, bis die Soße ausreichend erhitzt ist (alle Zutaten müssen die gleiche Temperatur haben, damit die Soße nicht gerinnt!). Abschmecken und über den Spargel gießen. Mit Petersilie bestreuen. Dazu neue Kartoffeln.

Zubereitungszeit: 45 Minuten

Pilze – Essen mit Köpfchen

Produkt- und Qualitätsmerkmale

Von den 200 verschiedenen Wald- und Wiesenpilzen sind lediglich 50 Arten als Eßpilze bekannt, von denen wiederum nur wenige den Pilzmarkt bestimmen, und zwar Champignons, Pfifferlinge, Steinpilze und Austernpilze. Pilze finden nicht nur wegen ihres guten Geschmackes zahlreiche Anhänger, sondern auch wegen ihrer zumeist wertvollen Inhaltsstoffe. Sie enthalten viele Ballaststoffe und Eiweiß, das biologisch allerdings nicht so hochwertig ist. Zu den wichtigsten ernährungsphysiologischen Vorzügen der Pilze zählt ihr hoher Vitamingehalt, insbesondere der Gehalt an Vitaminen der B-Gruppe (auch Vitamin B_{12}) sowie Vitamin D. Unter den Mineralstoffen sind vor allem Kalium und Phosphor zu nennen.

Vorsicht ist geboten, wenn Pilze in verhältnismäßig großen Mengen verzehrt

werden; denn in ihnen können sich giftige Schwermetalle wie Kadmium und Quecksilber anreichern. Welche Mengen gespeichert werden, hängt von der jeweiligen Pilzart ab, und auch die Verteilung im Pilz ist unterschiedlich. Die meisten Schwermetalle finden sich in den Lamellen und Röhren, weshalb diese nach Möglichkeit entfernt werden sollten. Über den Hut zum Stiel hin nimmt die Konzentration ab. In den meisten wissenschaftlichen Arbeiten über Schwermetallkonzentrationen in Speisepilzen ist eines nicht beachtet worden, nämlich die wichtige Tatsache, daß Pilze statt Zellulose Chitin als Gerüstsubstanz enthalten, das für den menschlichen Organismus weitgehend unverdaulich ist. Schellman *et al.* (*Cadmium- und Kupferausscheidung nach Aufnahme von Champignon-Mahlzeiten*) konnten in Versuchen zur Kadmiumbelastung nachweisen, daß das Chitin vom Körper wieder ausgeschieden wird, und zwar mit dem darin befindlichen Kadmium. Leider sind auch die wertvollen Inhaltsstoffe zum Teil darin eingeschlossen und werden somit nicht in den Mengen verwertet, wie es der Gehalt vermuten läßt. Bei regelmäßigem Pilzverzehr sollten Sie vorsichtshalber auf weitere belastete Lebensmittel, insbesondere Innereien, verzichten. Außerdem ist es sinnvoll, sich nicht nur auf eine Pilzsorte zu beschränken.

Positiv zu erwähnen ist, daß die zugelassenen Konservierungsmittel bei verarbeiteten Pilzen auf einige natürliche Stoffe begrenzt sind. Zudem sind Pilze weniger als andere Lebensmittel mit Rückständen von Dünge- und Pflanzenschutzmitteln belastet, wobei Kulturspeisepilze unbedenklicher sind als wildwachsende Pilze. Gegen einen gelegentlichen Verzehr auch größerer Mengen an Pilzen bestehen daher keine schwerwiegenden Bedenken. Kinder sollten entsprechend ihrem Körpergewicht weniger essen.

Hier noch eine Bitte an Pilzsammler: Um den wichtigen Pilzbestand unserer Wälder nicht zu gefährden, sollten von vornherein nur die Pilze gesammelt werden, die eßbar sind. Beim Sammeln ist darauf zu achten, daß die unterirdischen Wurzelsysteme möglichst nicht zerstört werden.

Verwendung und Zubereitung

Pilze altern sehr schnell, und bis zum Verzehr muß man sehr behutsam mit ihnen umgehen. Durch Zugluft werden sie schnell gelb und fleckig, zudem trocknen sie schneller aus. Hohe Lufttemperaturen machen sie lappig und schmierig, direkte Sonneneinstrahlung läßt sie schwarz werden und austrocknen. Frische Champignons sind z.B. daran zu erkennen, daß der Hut geschlossen ist, bei älteren ist er dagegen geöffnet, und die Unterseite der Lamellen ist sichtbar. Pilze sollten nie in Plastik, sondern in Papiertüten im Kühlschrank aufbewahrt und innerhalb von 2–3 Tagen verzehrt werden.

Für die Zubereitung empfiehlt es sich, die Pilze nur kurz zu waschen oder am besten nur trocken zu bürsten. Pilze nie kochen und nicht länger als 20 Minuten schmoren. Erst nach dem Garen salzen, dann bleiben sie saftiger. Zu viele Gewürze überdecken den würzigen Eigengeschmack.

Pilzgerichte sollten nach Möglichkeit nicht wieder aufgewärmt werden; denn die zahlreich enthaltenen Aminosäuren werden bei der erneuten Zubereitung durch Luftsauerstoff und Bakterien in sehr kurzer Zeit zu Harnsäure, Ammoniak und einigen extrem giftigen Aminosäuren zersetzt. Wenn sich das Aufwärmen nicht vermeiden läßt, sollten Sie bis dahin nur maximal 24 Stunden verstreichen lassen.

Pilze lassen sich auf die vielfältigsten Arten zubereiten. Gedünstete Pilze schmekken für sich allein schon vorzüglich, doch vielleicht verwenden Sie sie auch einmal roh für Salate oder für eine Suppe. Große Pilzköpfe können gefüllt oder auch fritiert werden.

Champignonsuppe

Champignons putzen und blättrig schneiden. Zusammen mit den Zwiebeln in etwas Butter dünsten. Weizenschrot zugeben, kurz danach Gemüsebrühe zugießen und einmal aufkochen lassen. Mit Sahne, der restlichen Butter, Gewürzen und Wein abschmecken. Gehackte Kräuter, Tomaten sowie die gehackten Eier als Einlage portionsweise in die Suppentassen geben.

Zubereitungszeit: 35 Minuten

400 g Champignons
2 große Zwiebeln, in Scheiben
100 g Butter
50 g Weizenschrot
1 l Gemüsebrühe
1/8 l Sahne
Salz, Pfeffer, Paprikapulver, Muskatblüte
50 ml Weißwein
Schnittlauch, Petersilie, Estragon
3 Tomaten, gewürfelt
2 Eier, gekocht

Paté mit Champignons

Brot zerkrümeln und in der Milch einweichen. Zwiebeln, Champignons, Oliven, Knoblauchzehen und Petersilie hacken. Zwiebeln in etwas Öl hellgelb andünsten, restliches gehacktes Gemüse dazugeben, salzen und pfeffern. Chili und Kräuter der Provence, dann das eingeweichte Brot mit Milch zufügen und alles pürieren. Wieder in den Schmortopf geben und dünsten, bis die Milch verdampft ist. Hefeflocken einarbeiten und die Masse in eine feuerfeste Form füllen. Das restliche Öl darübergießen und alles bei mittlerer Hitze ca. 40 Minuten backen. Die Pastete ist im Kühlschrank eine Woche haltbar.

Zubereitungszeit: 80 Minuten

500 g altbackenes Vollkornbrot
1 l Milch
750 g Zwiebeln
1 kg Champignons
200 g entsteinte schwarze Oliven
10–12 Knoblauchzehen
frische Petersilie
Salz, Pfeffer
Chilipulver
1–2 EL Kräuter der Provence
100 g Hefeflocken
10 EL Öl

Pilze mit Lammfleisch und Curryreis

250 g Pilze (z.B. Austernpilze)
1 große Zwiebel
2 Knoblauchzehen
3 EL Distelöl
300 g Hackfleisch vom
Lamm
200 g Naturreis
1 EL Currypulver
½ TL Pimentpulver
1 Tasse Gemüsebrühe
Salz
1 EL Sojasoße
2 EL Mango-Chutney

Pilze putzen und in Scheiben schneiden. Zwiebel und Knoblauch schälen, feinhacken und im heißen Öl glasig dünsten. Pilze dazugeben und so lange braten, bis die Flüssigkeit eingekocht ist. Hackfleisch zugeben und anbraten. Reis unterrühren und kurz mitbraten. Mit Curry und Piment würzen. Brühe angießen und Reis zugedeckt in 25–30 Minuten garen. Mit Salz und Sojasoße abschmecken. Mango-Chutney dazu reichen.

Zubereitungszeit: 65 Minuten

Pilzragout

2 kleine Zwiebeln
3 EL Butter
600 g Pilze (z.B. Champi-
gnons und Pfifferlinge)
2 EL Weizenvollkornmehl
1 Tasse Weißwein
3/8 l Gemüsebrühe
Meersalz
Pfeffer
1 Tasse süße Sahne
je ½ Bund Petersilie,
Schnittlauch und Kerbel,
kleingeschnitten

Zwiebeln in der Butter glasig dünsten. Pilze dazugeben und kurz mitdünsten. Mit Mehl bestäuben, mit Weißwein ablöschen und mit Gemüsebrühe auffüllen. Bei mittlerer Hitze 8–10 Minuten köcheln lassen. Würzen und mit Sahne verfeinern. Kräuter unter die Soße mischen und sofort servieren. Dazu Reis, Kartoffeln oder Baguette.

Zubereitungszeit: 25 Minuten

Nährwerttabelle

	H$_2$O (g)	EW (g)	Fett (g)	KH (g)	Na (mg)	K (mg)	Mg (mg)	Ca (mg)	Fe (µg)	P (mg)	Cl (mg)	J (µg)
Aubergine	92,6	1,2	0,2	2,5	4	265	11	13	420	20	55	1
Avocado	68	1,9	23,5	0,4	3	500	30	10	600	40	6	-
Chicorée	94,4	1,3	0,2	2,3	4	190	13	25	740	25	25	1
Fenchel	86	2,4	0,3	2,8	85	495	50	110	2700	50	-	-
Gurke	96,8	0,6	0,2	1,8	9	140	8	15	500	25	35	3
Hülsenfrüchte												
Erbse	75,1	6,6	0,5	12,3	2	305	35	25	1840	110	40	4
Bohne	90,3	2,4	0,2	5,1	2	250	25	55	830	40	19	3
Kartoffel	77,8	2	0,1	14,8	5	445	25	10	800	50	45	4
Kohl												
Blumenkohl	91,6	2,5	0,3	2,6	16	330	17	20	630	55	30	Sp
Brokkoli	89,7	3,3	0,2	2,5	13	465	25	105	1300	80	80	1
Chinakohl	95,4	1,2	0,3	1,3	7	200	11	40	600	30		Sp
Grünkohl	86,3	4,3	0,9	2,5	40	490	30	210	1900	85	60	12
Rosenkohl	85	4,5	0,3	3,2	7	410	20	30	1100	85	40	1
Rotkohl	91,8	1,5	0,2	3,5	4	265	18	35	500	30	100	5
Weißkohl	92,1	1,4	0,2	4,1	13	225	25	45	500	30	35	5
Wirsing	90	3	0,4	2,4	9	280	12	45	900	55	20	-
Kohlrabi	91,6	1,9	0,1	3,8	30	380	45	70	900	50	55	1

	H_2O (g)	EW (g)	Fett (g)	KH (g)	Na (mg)	K (mg)	Mg (mg)	Ca (mg)	Fe (µg)	P (mg)	Cl (mg)	J (µg)
Kürbis	91,3	1,1	0,1	4,6	1	385	8	20	800	45	18	1
Mais	74,7	3,3	1,2	15,7	0,3	300	50	6	550	115	-	3
Mangold	92,2	2,1	0,3	0,7	90	375	-	105	2700	40	-	-
Meerrettich	76,6	2,8	0,3	11,7	9	555	35	105	1400	65	18	1
Möhren	88,2	1	0,2	4,6	60	290	18	40	2000	35	60	15
Paprika grün	93,4	0,9	0,1	2,1	2	190	12	11	750	30	19	2
Paprika rot	91,2	1,3	0,5	2,9	5	260	14	10	550	30	-	1
Pastinake	80,2	1,3	0,4	2,9	8	470	20	50	620	75	-	4
Petersilienwurzel	88	2,9	0,5	5,4	12	400	25	40	850	55	-	Sp
Pilze	90,7	2,7	0,2	0,6	8	420	13	8	1260	125	65	18
Porree	89	2,2	0,3	3,2	5	225	18	85	1000	45	25	1
Rettich	93,5	1,1	0,2	1,9	18	320	15	35	800	30	19	8
Radieschen	94,4	1,1	0,1	2,1	17	255	8	35	1500	25	45	8
Rote Bete	88,8	1,5	0,1	8,4	60	335	25	30	930	45	80	1
Salat												
Kopfsalat	95	1,3	0,2	1,1	10	225	11	35	1100	35	55	3
Endivie	94,3	1,8	0,2	0,3	55	345	10	55	1400	55	70	6
Feldsalat	93,4	1,8	0,4	0,7	4	420	13	35	2000	50	70	-
Portulak	92,5	1,5	0,3	4,3	-	390	-	95	-	-	-	-
Schwarzwurzel	78,6	1,4	0,4	1,6	5	320	25	55	3300	75	30	-
Sellerie	88,6	1,6	0,3	2,3	75	320	9	70	530	80	150	3
Spargel	93,6	1,9	0,1	2	4	205	20	20	1000	45	55	7
Spinat	91,6	2,5	0,3	0,5	65	635	60	125	4000	55	55	12
Steckrübe	89,3	1,2	0,2	0,9	10	225	11	50	450	30	30	4

	H$_2$O	EW	Fett	KH	Na	K	Mg	Ca	Fe	P	Cl	J
	(g)	(g)	(g)	(g)	(mg)	(mg)	(mg)	(mg)	(µg)	(mg)	(mg)	(µg)
Tomate	94,2	1	0,2	3	6	295	20	14	500	25	60	2
Topinambur	78,9	2,4	0,4	4	-	480	-	10	-	-	-	-
Zucchini	92,2	1,6	0,4	2,1	-	-	-	30	1500	25	-	2
Zwiebel	87,6	1,3	0,3	5,6	9	175	11	30	500	40	40	2

	Carotin	Vitamin B1	Vitamin B2	Niacin	Pantothen	Vitamin B6	Vitamin C	Vitamin E	Oxalsäure	Ballaststoffe
	(g)	(g)	(µg)	(µg)	(µg)	(µg)	(mg)	(mg)	(mg)	(g)
Aubergine	30	40	50	600	230	90	5	30	10	1,4
Avocado	70	80	150	1100	1100	530	13	1300	-	3,3
Chicorée	1290	50	35	240	-	50	10	100	25	1,3
Fenchel	4700	230	110	200	250	100	95	-	5	3,3
Gurke	170	18	30	200	240	35	8	100	0	0,9
Hülsenfrüchte										
Erbse	380	300	160	2380	720	160	25	390	0	4,3
Bohne	330	80	120	570	500	280	20	70	45	1,9
Kartoffel	10	110	45	1220	400	210	17	60	0	2,5
Kohl										
Blumenkohl	35	110	100	600	1010	200	75	30	-	2,9
Brokkoli	2	95	210	1000	1290	170	115	470	-	3
Chinakohl	80	30	40	400	200	160	35	-	-	1,7
Grünkohl	4100	100	250	2100	1000	250	105	1700	7,5	4,2
Rosenkohl	400	150	140	670	800	280	115	880	6	4,4
Rotkohl	30	70	50	430	320	150	50	1700	7,4	2,5
Weißkohl	40	50	45	320	260	110	45	1700	6,5	2,5
Wirsing	40	50	55	330	210	200	45	2500	5	1,5
Kohlrabi	200	50	45	1800	100	120	65	-	3,0	1,4

	Carotin	Vitamin B1	Vitamin B2	Niacin	Pantothen	Vitamin B6	Vitamin C	Vitamin E	Oxalsäure	Ballaststoffe
	(g)	(µg)	(µg)	(µg)	(µg)	(µg)	(mg)	(µg)	(mg)	(g)
Kürbis	2000	45	65	500	400	110	12	1000	0	-
Mais	180	150	120	1700	890	220	12	100	-	3,7
Mangold	3530	100	160	650	170	-	40	-	650	-
Meerrettich	20	140	110	600	-	180	115	-	-	-
Möhren	12000	70	55	580	270	95	7	600	6	3,4
Paprika grün	335	60	50	600	230	270	140	550	16	2
Paprika rot	2125	40	120	1600	270	450	140	2900	20	2
Pastinake	20	80	130	940	500	110	18	1000	-	-
Petersilienwurzel	20	100	85	2000	-	230	40	-	-	-
Pilze	10	100	440	5200	2100	65	5	110	-	1,9
Porree	300	100	60	530	140	250	30	900	0	2,3
Rettich	6	30	30	400	180	60	25	-	0	1,2
Radieschen	25	35	30	250	180	60	30	10	0	1,5
Rote Bete	11	20	40	230	130	50	10	30	180	2,5
Salat										
Kopfsalat	790	60	80	320	110	55	13	440	-	1,5
Endivie	1140	50	120	410	-	-	9	-	2,5	1,5
Feldsalat	3900	65	80	380	-	250	35	600	0	1,5
Portulak	1060	30	100	500	-	-	20	-	-	-
Schwarzwurzel	20	110	35	350	-	-	4	-	-	17
Sellerie	15	35	70	900	510	200	8	-	6,8	4,2

	Carotin	Vitamin B1	Vitamin B2	Niacin	Pantothen	Vitamin B6	Vitamin C	Vitamin E	Oxalsäure	Ballaststoffe
	(g)	(µg)	(µg)	(µg)	(µg)	(µg)	(mg)	(µg)	(mg)	(g)
Spargel	30	110	120	1000	620	60	20	2000	0	1,5
Spinat	4200	110	230	620	250	220	50	1600	440	1,8
Steckrübe	100	50	60	850	110	200	35	-	0	-
Tomate	820	55	35	530	310	100	25	800	0	1,8
Topinambur	12	200	60	1300	-	-	4	-	-	12,5
Zucchini	350	500	90	400	-	-	16	-	-	1,1
Zwiebel	30	35	30	200	170	130	9	140	6	3,1

Quelle: *Der kleine Souci-Fachmann-Kraut, Lebensmitteltabellen für die Praxis, 2. Auflage 1991.*

Schlagwortregister

Ernährung & Gesundheit

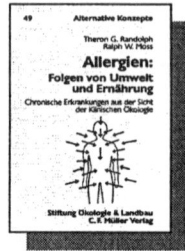

Ökologischer Ärztebund
Erik Petersen/ Wolfgang Stück
(Hrsg.)

Unser täglich Brot

Die Veränderung der Nahrung
durch Chemie, Bestrahlung
und Gentechnologie und ihre
Auswirkungen auf die Gesundheit.
235 Seiten, Softcover
ISBN 3-930720-20-5
29,80 DM/ 28,00 sFr/ 218 öS

Theron G. Randoph/ Ralph W.
Moss

Allergien:
Folgen von Umwelt und
Ernährung*

Chronische Erkrankungen aus
der Sicht der klinischen Ökologie, Ökologische Konzepte
Band 49
372 S., ISBN 3-930720-45-0
34,00 DM/ 31,50 sFr/ 248 öS

Manfred Hoffmann

Lebensmittelqualität*

Neue Erkenntnisse zu aktuel-
len Fragen, 2. Auflage 1996,
SÖL-Sonderausgabe 62
372 S., ISBN 3-926104-62-7
9,80 DM/ 9,80 sFr/ 72 öS

K.F. Müller-Reißmann/ Joey
Schaffner

Ökologisches
Ernährungssystem*

Das heute vorherrschende Er-
nährungssystem ist naturbela-
stend und oft auch Krank-
heitsursache. In diesem Buch
wird ein konkreter Gegenent-
wurf entwickelt. Ökologische
Konzepte Band 68
221 S., ISBN 3-930720-68-X
22,00 DM/ 20,50 sFr/ 161 öS

Robert Hermanowski/ Rainer
Roehl

Natur auf dem Teller*

Einsatz ökologisch erzeugter
Produkte in Großküchen: Probleme und Lösungsansätze,
SÖL-Sonderausgabe 44
56 S., ISBN 3-926104-44-9
6,80 DM/ 6,80 sFr/ 50 öS

Anne Calatin

Ernährung und Psyche*

Ernährungsbedingte Ursachen
psychischer Erkankungen aus
klinischer und psychiatrischer
Sicht, Ökologische Konzepte
Band 43
104 S., ISBN 3-930720-54-X
22,00 DM/ 20,50 sFr/ 161 öS

Stiftung
Ökologie &
Landbau

* herausgegeben von der Stiftung Ökologie & Landbau

DEUKALION Verlag • Postfach 11 13 • D-25488 Holm • Telefon (0 41 03) 9 75 45 • Telefax (0 41 03) 9 75 07

Ätherische Öle und Kräuter

ISBN 3-930720-28-0
400 S., gebunden
38,00 DM/ 35,50 sFR/ 277 öS

Kathi Keville/ Mindy Green

Die Seele der Pflanzen
Ätherische Öle und Kräuteressenzen selbst gewinnen und anwenden

In diesem Buch werden die Zusammenhänge der Aromatherapie in bisher einmaliger Weise beschrieben. Neben einer Vielzahl von außergewöhnlichen Rezepten aus verschiedenen Bereichen (von der Küche über die Körperpflege bis hin zur körperlichen und seelischen Gesundheit) enthält das Buch Informationen zu den verschiedenen Methoden, ätherische Öle selbst zu gewinnen, sowie eine große Zahl von genauen Ölbeschreibungen und Angaben zu deren botanischer Herkunft. Durch die zusätzliche Darstellung anekdotischer und historischer Zusammenhänge erklärt sich die Faszination des Buches weit über die rein sachliche Ebene hinaus.

Die Verbindung zwischen Aromatherapie und klassischer Kräuterkunde!

Seele_OR

DEUKALION Verlag • Postfach 11 13 • D-25488 Holm • Telefon (0 41 03) 9 75 45 • Telefax (0 41 03) 9 75 07
Bitte fordern Sie unser kostenloses Gesamtverzeichnis an!

Politik und Wirtschaft

Worldwatch Institute
Lester R. Brown

Wer ernährt China?

Alarm für einen kleinen Plane-
ten
Die Auswirkungen der Indu-
strialisierung und »Verwestli-
chung« Chinas auf die Märkte
und Ökologie weltweit. Ein
Bestseller in den USA – jetzt
auf deutsch.
172 Seiten, Softcover
ISBN 3-930720-30-2
29,80 DM/ 28,00 sFr/ 218 öS

James Goldsmith

**Die Falle – und wie wir
ihr entrinnen können**

Das Buch, über die brennen-
den Themen unserer Zeit:
Woher kommen Arbeitslosig-
keit, Gewalt, Armut, Umwelt-
verwüstung und Korruption?
Das Buch, das sich für ein
anderes Europa einsetzt, als
die Bürokraten von Maastricht
es vorsehen...
240 S., ISBN 3-930720-22-1
38,00 DM/ 35,50 sFr/ 277 öS

Ernst Friedrich Schumacher

Small is beautiful*

Die Rückkehr zum menschlichen Maß
Der Klassiker alternativer Öko-
nomie legt die Grundsteine für
das Konzept der angepaßten
Technologie: Wirtschaft für
den Menschen – nicht umge-
kehrt! Ökologische Konzepte
Band 87
283 S., ISBN 3-926104-70-1
27,00 DM/ 25,50 sFr/ 197 öS

John Papworth

Small is powerful

Der Weg zu wahrer Demokra-
tie.
Wie die unheilige Allianz zwischen Politik, Industrie und
Medien unser Denken be-
stimmt und wie die direkte
demokratische Kontrolle über
das Geschehen vor Ort viele
unserer derzeitgen Probleme
lösen kann. Ein grundlegendes
Werk der Basisdemokratie!
280 Seiten, Softcover
ISBN 3-930720-16-7
42,00 DM/ 39,50 sFr/ 307 öS

* herausgegeben von der Stiftung Ökologie & Landbau

PW1970R

DEUKALION Verlag • Postfach 11 13 • D-25488 Holm • Telefon (0 41 03) 9 75 45 • Telefax (0 41 03) 9 75 07
Bitte fordern Sie unser kostenloses Gesamtverzeichnis an!

John Seymour

ISBN 3-930720-12-4
188 S., gebunden
29,80 DM/ 28,00 sFr/ 218 öS

So helft ihr doch
Lebenswandel für Mutter Erde

John Seymour stellt in diesem Buch Überlegungen an, welches menschliche Verhalten mit den Erfordernissen einer »globalen Nachhaltigkeit« vereinbar ist. Nicht theoretisierend, sondern handfest, praktisch und mit dem gesunden Menschenverstand und Humor, den seine Bücher kennzeichnen. Für eine Reihe einzelner Bereiche stellt er dar, inwiefern eine moderne Industriegesellschaft das globale Gleichgewicht stört und auch einem selbstbestimmten und selbstgenügsamen Leben im Wege stehen kann. Diese Bereiche sind: Energie, Transport, Arbeit und Heim, Land und Stadt, Landwirtschaft und Nahrung. Seymours Lösung - ganz im Sinne E.F. Schumachers - : Selbstversorgung und Versorgung aus der Region, angepaßte Technik nach dem Motto »Keep it simple« und ein hohes Maß an Selbstverantwortung und Bereitschaft, die Dinge selbst in die Hand zu nehmen.

»Genau deshalb ist dieses Buch lesenswert: Seymour macht in seiner einfachen, klaren Sprache für viele unserer alltäglichen Lebensbereiche deutlich, wohin es führt, wenn wir so weitermachen wie bisher.«
Lübecker Nachrichten

JS.Ok I/97

DEUKALION Verlag • Postfach 11 13 • D-25488 Holm • Telefon (0 41 03) 9 75 45 • Telefax (0 41 03) 9 75 07
Bitte fordern Sie unser kostenloses Gesamtverzeichnis an!

John Seymour

ISBN 3-930720-25-6
240 S., gebunden
39,00 DM/ 36,50 sFr/ 285 öS

Wie alles wieder anfing

Das Ende des Ölzeitalters: Durch jahrelange Mißwirtschaft und den »Großen Islamischen Krieg« kommen die Ölimporte und Rohstoffeinfuhren Englands zum Erliegen. Ein mörderisch kalter Winter versetzt dem ausgepowerten Land den Todesstoß . Millionen Menschen erfrieren oder verhungern. Eine Stadtflucht katastrophalen Ausmaßes setzt ein. Militärs und Beamte bemühen sich vergeblich, die Lebensmittelversorgung der Bevölkerung zu sichern. Mit Gewalt und Terror boxen sie ihre »Sachzwänge« durch und scheuen sich nicht, immer brutalere Methoden anzuwenden so die Internierung Andersdenkender in Konzentrationslagern. Und in England gibt es in den Jahren 2009/2010 eine ganze Menge Andersdenkende, z.B. die entschlossene Gruppe um John Hurlock, die nicht in die alten Fehler verfallen will und eine natürliche Lebensweise unabhängig vom Öl propagiert.

Ein spannend und wirklichkeitsnah geschriebener Roman vom Autor des Bestsellers Das große Buch vom Leben auf dem Lande.

»Das Ergebnis ist ein Buch, das wie alle großen Werke der erzählenden Literatur den Kern menschlicher Belange berührt, und wenn je ein Buch Millionen von Lesern verdient hat, ist es sicher dieses, und ich hoffe zutiefst, daß es sie bekommt.«

European Business Review